팬데믹 시대에
경계를 바라보다

접경인문학문고003

팬데믹 시대에 경계를 바라보다

초판인쇄 2022년 2월 20일 **초판발행** 2022년 2월 28일

기획 중앙대 · 한국외대 HK⁺ 접경인문학연구단

지은이 차용구·박노자·이태광·류영하·임경화·전우형·한주희·베른하르트 젤리거·
니콜라이 소린차이코프·고가영·캐런 손버·현명호·김신현경·구교선·김한결

펴낸이 박성모 **펴낸곳** 소명출판 **출판등록** 제13-522호

주소 서울시 서초구 서초중앙로6길 15, 2층

전화 02-585-7840 **팩스** 02-585-7848

전자우편 somyungbooks@daum.net **홈페이지** www.somyong.co.kr

값 15,000원 ⓒ 중앙대 · 한국외대 HK⁺ 접경인문학연구단

ISBN 979-11-5905-250-7 03900

이 저서는 2017년 대한민국 교육부와 한국연구재단의 지원을 받아 수행된 연구임
(NRF-2017S1A6A3A03079318)

접경인문학문고 003

팬데믹 시대에
경계를 바라보다

중앙대·한국외대 HK+접경인문학연구단 **기획**

CONTEMPLATING CONTACT ZONES IN
THE PANDEMIC ERA

차용구
박노자
이택광
류영하
임경화
전우형
한주희
베른하르트 젤리거
니콜라이 소린차이코프
고가영
캐런 손버
현명호
김신현경
구교선
김한결

중앙대·한국외대 HK⁺ 접경인문학연구단은 2017년 한국연구재단의 인문한국지원사업에 선정되어 1단계 사업을 3년에 걸쳐 수행한 후, 2020년부터 2단계 사업을 시작했습니다. 접경인문학에서 접경은 타국과 맞닿은 국경이나 변경만을 의미하지 않습니다. 같은 공간 안에서도 인종, 언어, 성, 종교, 이념, 계급 등 다양한 내부 요인에 의해 대립과 갈등이 발생하기 때문입니다. 연구단이 지향하는 접경인문학 연구는 경계선만이 아니라 이 모두를 아우르는 공간을 대상으로 진행됩니다. 다양한 요인들이 접촉 충돌하는 접경 공간Contact Zone 속에서 개인과 집단이 이를 어떻게 인식하고 변화시키려 했는지를 추적하고 분석하는 것이 접경인문학의 목표입니다.

연구단은 2단계의 핵심 과제로 접경인문학 연구의 심화와 확장, 이론으로서의 접경인문학 정립, 융합 학문의 창출을 선택하였습니다. 1단계 연구에서 우리는 다양한 접경을 발견하고 그곳의 역사와 문화를 '조우와 충돌', '잡거와 혼종', '융합과 공존'의 관점에서 규명하였습니다. 이 성과를 바탕으로 삼아 2단계에서는 접경인문학을 화해와 공존을 위한 학술적이면서 동시에 실천적인 방법론으로 제시하고자 합니다. 연구단은 이 성과물들을 연구 총서와 번역 총서 및 자료 총서로 간행하여 학계에 참고 자원으로 제공하고 문고 총서의 발간으로 사회적 확산에 이바지하고자 합니다.

유례없는 팬데믹을 맞아 세상은 잠시 멈춘 듯합니다. 이 멈춤의 시간 속에서도 각종 국가주의와 민족주의가 횡행하며, 국가와 민족 사이의 충돌은 더욱더 첨예해지고 있습니다. 접경은 국가주의의 허구성, 국가나 민족 단위의 제한성, 그리고 이분법적 사고의 한계성을 여실히 드러내는 대안적인 공간이자 역동적인 생각의 틀이라 생각합니다. 우리 연구단은 유라시아의 접경에서 일어나는 다양한 조우들이 연대와 화해의 역사 문화를 선취하는 여정을 끝까지 기록하고 기억할 수 있기를 희망합니다.

중앙대·한국외대 HK+ 접경인문학연구단 단장 손준식

중앙대·한국외대 HK⁺ 접경인문학연구단 쪽에서 『한겨레21』에 '팬데믹 시대의 접경과 인간'이란 주제로 기획 연재를 제안한 게 꼭 1년 전 이즈음, 그러니까 2020년 세밑이었다. 연구단의 명칭에 먼저 관심이 끌렸다. 접경인문학? 처음 들어봤는데도 곧장 그 함의를 짐작할 수 있었다. 기획안이 흥미를 끌었다. 시대적 변화에 비춰 실질적이고 유용한 담론을 접할 수 있을 거란 기대감이 들었다. 무엇보다, 공부하는 학자들과 생활인 독자들이 『한겨레21』이라는 대중 매체를 통해 만남으로써 지식 정보의 생산과 담론 형성이 풍부해질 수 있을 거라 생각했다.

신문사 국제부에서 일하면서 '이주' 문제에 관심이 컸다. 2011년 '아랍의 봄'이 비극적이게도 시리아 내전과 대량 난민 사태로 이어졌고, 유럽에선 밀려드는 난민의 수용 문제로 몸살을 앓았던 게 계기였다. 이주와 난민에 대한 관심은 자연스럽게 경계, 공동체, 정체성, 디아스포라, 환대와 적대 같은 주제로 범위가 넓어졌다. 그러던 참에 접경인문학 연재 제안은 개인적으로도 지적 호기심을 자극하기에 충분했다.

2021년 1월부터 9월까지 3주 간격으로 『한겨레21』에 15편의 글이 실렸다. 담당 기자이자 첫 독자로서 원고를 맨 먼저 받아 읽는 것은 큰 즐거움이었다. 매번 다양한 글을 읽으면서 접경인문학이 다룰 수 있는 범위가 무척 넓다는 걸 실감했다. 일상의 삶에서 직간접 경험하는 이야기들을 '접경'이라는 관점에서 보면 전과는 다른 풍경이 펼쳐지고 새로운 통찰을 얻을 수 있다는 점도 인상적이었다. '접경'의 의미가 새삼 각별하게 다가왔다. 학문의 언어와 문법이 매스 미디어의 언어와 문법과는 좀 달라서 난감할 때도 없지 않았지만, 그 또한 '접경'이었다. 풍요로움은 늘 다양성과 섞임에서 나온다. 그 원고들이 한데 묶여 『팬데믹 시대에 경계를 바라보다』라는 제목의 책으로 나왔다. 분과 학문의 경계를 허물고 탐구의 지평을 넓히고, 사람의 숨결과 체온을 담아낸 책의 발간이 반갑지 않을 수 없다. 저자들의 노고가 일군 성과를 진심으로 축하드린다.

이 책에 실린 연구와 탐색들은 코로나19 팬데믹이라는 세계적 공중 보건 위기 시대에 특히 시의적절하다. 바이러스는 세계화 시대의 열린 국경을 단숨에 각자도생의 닫힌 국경으로 바꿔놓았다. 한 국가 안에서도 폐쇄와 격리, 사회적 거리 두기와 비대면 접촉이라는 비정상적 뉴노멀이 미덕이 됐다. 사람들은 만남과 교류가 제한되고 나서야 그것이 당연하게 주어진 게 아니라는 소중함을 깨달았다. 동시에, 야생에서 인간 세계로 넘어온 바이러스의 치명적 위력을 보면서는 서로 다른 집단의 만남이 어느 한쪽의 일방적

침탈일 경우 재앙을 초래할 수 있다는 것도 절감하고 있다.

15편의 글이 다룬 시공간과 주제가 다채롭다. 지리적으로는, 러시아의 시골 마을부터 옛 동·서독 국경 지대와 홍콩을 거쳐 한반도의 비무장지대DMZ와 남도 광주의 고려인 마을과 미국-멕시코 국경까지 대륙을 가로지르며 지구라는 '행성 마을'의 원경과 근경을 보여준다. 시대와 주제도 그렇다. 그리스 신화와 BTS방탄소년단, 과학과 미신, 의료와 문학이 접점을 찾고, '현장'이 아니면 불가능할 줄 알았던 무대 공연과 미술 작품이 온라인을 통해 관객과 만난다. 바이러스 창궐의 재난이 젠더여성/남성의 경계와 경제력부유층/빈곤층의 경계에서 사회적 약자에게 더 가혹한 현실을 접경인문학의 눈으로 해석하고 대안을 제시한 글도 있다.

접경이란 경계가 서로 맞닿는다는 뜻이다. 경계는 어떤 사물, 또는 공간이나 시간이 구별되는 울타리 같은 것이다. 그것이 집이든 동네든 나라든, 접경은 안도와 긴장이 공존하는 공간이다. 국경이나 전쟁의 최전선이 아니더라도, 우리는 국제공항의 출입국 심사대 안쪽과 너머가 전혀 다른 공간임을 실감한다. 접경 지역은 중앙에서 가장 먼 변방이다. 한 집단의 동질성과 구심력이 유지되는 최후의 공간이자, 나우리와 다른 타자집단를 맨 먼저 만나는 최전방이다. 접경은 그 만남을 통해 무한한 가능성을 잉태하는 공간이기도 하다. 가능성을 현실로 바꿔놓는 가장 결정적 행위 주체가 바로 인간이다. 접경인문학은 바로 그 공간과 인간에 대한 탐구가 아닐까 싶다. '접경'이라는 열쇳말이 다양한 분야의 연구자들을 한데 불러모았다. 그리고 각자의 연구가 나름의 구성을 갖춘 단행본으로 출간됐다. 이게 완성이라기보다 이제 시작인 것 같다. 앞으로 더 많은 옥석을 더 단단하고 매끈한 구슬로 가공하고 꿰어 보배를 만드는 후속 연구들에도 큰 성과가 있기를 기대한다.

조일준『한겨레21』선임기자

들어가며

경계로 점철된 팬데믹 세상

지구는 육지와 바다로 연결되어 있어 원칙적으로 우리는 어디든 갈 수 있다. 하지만, 지구에는 눈에 보이거나 보이지 않는 다양한 경계선이 가로놓여 있어 우리의 이동을 관리하고 통제한다. 그 대표적인 경계선이 주권국가들 사이에 놓여 있는 국경선이다. 물론 유럽의 솅겐 협정 실시국가들처럼 국경을 열어 국가 간의 통행에 제한을 두지 않는 국가 연합체들도 있지만, 대개의 경우 국경선을 넘기 위해서는 국제공항이나 국경검문소 등에서 출입국을 허가받아야 한다. 이 글을 읽고 있는 독자가 만약 대한민국 여권 소지자라면 무려 전 세계 190개 국가를 무비자로 자유롭게 방문할 수 있다. 2006년에 같은 여권으로 갈 수 있는 나라가 115개국이었던 것을 고려하면, 세계화의 시대에 경제 성장은 국경을 낮추는 데 유효하게 작용한다. 하지만 대한민국 여권이 아무리 '여권 파워' 세계 2위에 빛나도 이 여권으로는 대한민국에서 가장 가까운 조선민주주의인민공화국으로 갈 수가 없다. 세계화는 국경을 한껏 투명하게 만들어 탈경계 시대로 일컬어지기도 하지만, 국경으로 나뉜 세계는 실은 국적, 인종, 계급, 이념, 종교 등에 따라 그 투과성을 달리하는 울퉁불퉁한 곳이다.

그런데, 2019년 말에 첫 사례가 보고된 이후 전 세계로 급속히 퍼져나간 코로나19는 세계의 국경들을 장벽으로 바꾸어 놓았다. '여권 파워'의 유무에 상관없이 어디에도 자유롭게 이동하기 힘든 시대가 도래한 것이다. 세계화에 따른 국경을 넘는 인간의 이동 패턴이 코로나19의 확대 상황과 겹치며 팬데믹pandemic이 되었기 때문이다. 당장 유럽연합EU 통합의 상징이었던 셍겐 조약은 금이 가고 유럽 국가들은 국경 출입을 통제하기 시작했고, 대한민국 여권 소지자들의 최대 방문국이었던 일본과 중국을 가지 못하는 나날은 여전히 지속되고 있다. 세계화 시대가 진전되면서 상호 접촉과 소통의 연결 공간이 된 줄로만 알았던 국경은 여전히 분리와 차단의 절단면임을 드러냈다. 뿐만 아니라, 코로나19는 타자와의 부단한 접촉을 통해 영위되었던 우리들의 일상을 뒤바꾸어 '비대면'이라는 뉴노멀 시대를 열었다. 방역 당국은 일상의 접촉을 끊고 이동을 저지하고 국경을 봉쇄하여, 다양한 경계를 가로지르며 이루어졌던 '접촉/대면contact'을 '비접촉/비대면untact'으로 바꾸기 위해 총력을 기울이고 있다. 우리가 당연하게 여기던 일상의 접촉은 회피되고 접촉을 전제로 하고 소통과 교류와 그 이상을 상상하게 했던 접경의 시공간contact zones은 경계로 점철된 시공간으로 급격히 변해갔다. 코로나19는 경계가 나라와 나라 사이에만 있었던 것이 아니라 민족과 민족, 부자와 빈자, 도시와 지방, 남자와 여자, 세대와 세대, 심지어 환자와 비환자 사이에도 묵직하게 자리 잡고 있다는 사실을 가시적으로 드러냈다.

이렇게 거의 전 세계 사람들의 이동이 통제되고 경계가 뚜렷해지는 일상의 변화를 동시대적으로 체험하고 있는 지금 이 시대가 우리의 삶의 방식과 다양한 관계들을 어떻게 바꾸어 가고 있는지를 관찰하고 탐구하며 코로나 이후 시대를 준비하는 것은, 접경 공간의 변화와 인간 삶의 관계를 다각도로 분석하는 새로운 학문 패러다임으로서의 접경인문학이 당면한 최우선 과제가 되고 있다. 이에 중앙대·한국외대 HK+ 접경인문학연구단은 국내외 여러 연구자들과 함께 접경인문학 연구의 관점에서 이 위기를 진단하고 어떠한 가능성과 새로운 시점을 제시할 수 있는지를 고민하는 자리를 만들어 2021년 1월 21일부터 같은 해 9월 25일까지 한국의 대표적인 시사 주간지인 『한겨레 21』과 공동 기획으로 「팬데믹 시대에 생각하는 국경과 접경」을 주제로 15회에 걸쳐 칼럼을 연재했다. 이 책은 이 칼럼들의 논점을 정리하고 수정, 가필하여 묶은 것이다.

팬데믹 시대 국가와 국경의 변화

이 책은 우선 전염병이 국경을 넘어 지구의 대부분을 엄습하고 있는 팬데믹 시대에 특히 국가와 국경은 어떻게 변화하고 있는지 주목한다. 특히 제1부의 저자들이 지적하듯이 코로나19 바이러스는 국경을 넘어 퍼져나가고 있음에도 불구하고 그에 대한 대응은 국민 국가 단위로 이루어지고 있다는 것이다. 이는 방역이나 백신 공급이 제대로 이루어지지 않은 세계체제 주변부 지역에서 발생하는 변이 바이러스의 대유행에 취약함을 드러내며 팬데믹의 종식을 끊임없이 지연시키는 요인이 되고 있다. 국경에 의해 발생한 건강 격차를 시정하여 "모든 사람들all peoples이 가능한 최고 수준의 건강에 도달하는 것"을 목적으로 설립된 세계보건기구WHO는 인류의 공동 대처의 중요성과 효율성을 제대로 전달하지 못하고 국민 국가들의 팬데믹 대처 노력을 총지휘하지 못하는 한계를 드러냈다. 반면, 바이러스의 대유행이 몰고 온 위기에 대처하는 강력한 통제기구로서의 국민 국가 권력의 강화를 요청하는 목소리는 갈수록 높아졌다. 이를 뒷받침하는 국가주의는 국가적 위기 상황에서 인종주의를 부추겼다. 최악의 대응으로 커다란 희생을 치른 미국에서는 아시아인들을 향한 혐오 정서와 폭력이 급증했고(박노자), 중국-홍콩 체제 속에서 본래 중계무역 항구로 기능해 온 홍콩은 접경으로서의 '연결고리'의 역할을 줄여가며 강한 국가와 약한 시민사회라는 강고한 틀로 재편성되고 있다(류영하). 외국인의 입국을 철저히 막아 일본 국민을 보호한다는 유사 '쇄국' 정책을 펼치고 있는 일본에서는 네오내셔널리즘신민족주의의 발호 속에 소수자들이 차별에 노출되고 있다(임경화). 특히 성공적 방역이 평가받고 있는 동아시아 지역에서 사회의 다양하고 다문화적인 현실이 제대로 대변되지 못하고 이들 공동체가 재난 상황에서 인종주의에 취약하다는 점이 드러났다.

두드러지는 내부의 경계들

나아가 이 책은 코로나 시대에 두드러진 인종, 젠더, 연령, 계급 사이에 가로놓인 내부의 경계들과 그 상호 교차성에 주목하여, 그러한 사회적 분할들이 특히 '불평등 바이러스'의 대유행을 초래해 약자들의 곤경을 더욱더 악화시키는 현실에 주목한다. 한주희는 이민자 거주지나 홈리스 등의 미국 사회의 접촉 지대들에 주목한다. 저자는 아래로부터의 시선으로 미국의 종족 경제 피라미드, 여러 집단 사이의 착취와 연대의 이중주를 바라보며 코로나가 초래한 가까움의 위험함 속에서 어떻게 친밀함을 구축할 것인가를 묻고 있다. 니콜라이 소린차이코프는 팬데믹 시대가 드러낸 러시아 내부의 여러 경계들을 다룬다. 코로나는 남자와 여자, 도시와 농촌, 중산층과 빈민층 사이의 경계를 더욱더 현저하게 만들었다는 주제를 다루고 있지만, 남편과 집안에 함께 머무는 시간이 많아지면서 미용실에 가서 외모를 꾸며야 하는 아내들, 국가의 지원 없이 자급자족하는 농촌의 사람들, 그 농촌의 별장에 머물며 배달시키는 중산층 도시민들의 이야기 속에서 내부의 경계들을 응시하는 저자의 예리한 눈을 느낄 수 있다. 고가영은 한국 내부의 귀환 이주자들의 사회인 광주 월곡동 고려인 마을이 지역 주민들과의 연대 속에서 코로나19가 초래한 위기 상황을 극복해 나가는 모습을 취재하고 이들을 타자화하려는 주류 사회의 시선을 비판한다. 한편, 김신현경은 코로나시대에 젠더 경계 속의 불평등은 어떻게 작동하는지를 다룬다. 저자는 코로나 사태가 야기한 여러 위기들의 젠더-계급적 상황은 우리가 '재난 자본주의'와 '돌봄 민

주주의'의 길 중 어느 쪽으로 방향을 잡을 것인지를 묻고 있다고
보았다.

평등과 치유라는 키워드 – 접경 공간의 복원을 위하여

이와 같이, 팬데믹과 글로벌 자본주의의 위기가 초래하는 고통은
결코 사회 구성원 모두에게 공평하게 다가오지 않는다. 이 위기의
극복을 위해 접경인문학은 어떠한 관점을 제시할 수 있는지를 이
책은 전망한다.

우선 이택광은 코로나 시대는 전례 없는 교통, 통신 기술의 발
달이 높아진 국경선을 아랑곳하지 않고 글로벌 자본주의를 더욱
더 심화시키고 있다고 진단한다. 인간과 기술의 경계를 무화시키
는 감시 자본주의의 기술 체계인 글로벌 사이버네틱스를 가속화
시키고 있는 이 팬데믹 시대에 이를 지구적 차원에서 다양한 경계
를 가로지르는 의사소통의 진보적 가치로 전환하는 상상력을 요
청한다. 캐런 손버는 코로나19 대유행이 전 지구적인 만큼 그 치
유도 전 지구적으로 이루어져야 함을 강조하고 '코로나19 만성 환
자'들에 대한 주의를 환기시키고 불치의 상황에 빠진 이 시대에
의료와 문학의 접촉 지대에서 치유 공간을 창조해낼 가능성을 호

소한다.

또한 접경인문학은 생태계의 복원에도 중요한 시사점을 제공한다. 차용구는 코로나 위기를 산업사회가 초래한 생태적 위기로 보고, 인간과 자연 사이의 '생태적' 거리두기에서 국경의 역할을 조망한다. 특히 베른하르트 젤리거는 독일 통일 전후에 추진되었던 동서독 접경지역의 생태보존정책인 그린벨트 프로젝트를 소개한다. DMZ의 생태 보존은 남북 공동의 문제이므로 이상적으로는 남북이 동시에 다루어야 하지만, 현실적으로 남한에서도 독일의 그린벨트 프로젝트 체험을 참고하면서 DMZ뿐만 아니라 인접한 서식지에서도 생물다양성 보존이 이루어져야 한다는 주장이다.

이렇게 접경인문학의 관점에서 코로나 시대의 일상을 바라보면, 가택 공간 안으로 과밀집된 수많은 경계와 그 위험성들(전우형), 혹은 집안에서 이루어지는 예술 경험이 접촉을 통해 전달되었던 생동하는 감각을 대체하지 못하는 곤경 또한 포착된다(김한결). 전우형은 그럴수록 수많은 경계로 훼손된 삶을 복원하는 환대와 평화의 공동체에 대한 상상을 불러일으키는 해방을 위한 실천 공간으로서의 접경 공간을 상상해 보자고 제안한다.

그런 의미에서 이 책은 인문사회과학 분야의 다양한 필자들이 팬데믹 시대에 경계를 바라보며 접경의 시공간을 다시 꿈꾸기 위해 시대를 진단한 기록장이다.

차례

1부_ 코로나 시대의 국가, 민족, 국경

2부_ 내부와 외부의 경계, 다수와 소수의 만남들

3부_ 평등과 치유를 향해서
코로나 시대의 사회, 과학 그리고 예술

팬데믹과 접경

인간이 그어놓은 경계, 자기가 판 함정

차용구

국경 연구Border Studies는 세계·국가·지역 권력이 등장하고 힘을 겨루는 장소인 국경선을 통찰하는 학문이다. 전통적인 국경 연구는 국경을 보호·단절·통제·차단 기능을 하는 배타적인 선線이자 주권의 날카로운 모서리로 이해하면서, 반드시 수호해야 하는 신성한 경계선으로 인식했다. 하지만 최근의 국경 연구는 단절과 대립의 장소로만 받아들여지던 국경 지역을 변화와 역동의 '접경 공간contact zone'으로 새롭게 주목한다. 배제하고 연결하는 국경의 양가성은 코로나19 확산으로 봉쇄와 보호주의가 화두인 요즘, 연대와 공조를 통한 위기 대응 협력 시스템을 구축하는 데 좌표가 될 것이다.

경계라는 환영

인간이 그어놓은 경계는 자기가 판 함정에 자신이 빠지는 것처럼 스스로를 옥죄어 왔다. 역사를 보면 국경은 중앙 정부의 정책적 개입과 무관하게 자연히 생겨나는 초국경적 협력과 통합의 과정이 진행된 접경 공간으로서 상호 의존과 관용, 새로운 국가와 문명의 탄생 등 다양한 모습을 빚어낸 개방적이고 역동적인 장소에 가까웠다.

실제로 높은 장벽을 쌓았더라도 동물과 인간 그리고 바이러스는 이웃한 공간을 넘나든다. 코로나바이러스 감염병의 엄중한 상황 속에서 접경 지역의 양돈 농가들은 아프리카 돼지 열병 바이러스에 감염된 채 비무장지대DMZ를 뚫고 '남하'하는 야생 멧돼지들로 또 다른 고민에 빠졌다. "코로나보다 돼지 열병이 더 무섭다"고 할 정도로 국경을 자유롭게 활보하는 멧돼지의 수가 늘었기 때문이다.

야생 동물만이 아니다. 2017년 대통령 취임 직후부터 미국과 멕시코 사이에 '위대한 장벽great wall' 건설을 추진했던 미국 도널드 트럼프 행정부는 코로나19가 확산되자, 하늘과 땅의 길을 막는 고강도 국경 봉쇄 정책을 폈다. 코로나19 발생 이전부터 엄격한 국경 통제 정책을 강행한 미국이지만 바이러스 확산을 막지 못하고 세계 최대 방역 실패 국가로 전락했다.

　역사에서 국경을 성공적으로 봉쇄한 경우는 드물었다. 격리를 뜻하는 영어 '쿼런틴quarantine'은 '40일'을 의미하는 이탈리아어 '콰란타 지오르니quaranta giorni'에서 유래했다. 이는 14세기 중반 흑사병 페스트이 유럽을 휩쓸 때 항구로 들어오는 배의 선원들을 40일 격리한 데서 비롯되었다. 이런 강제 격리 조처에도 당시 유럽 인구의 절반 정도는 흑사병에 희생되었다. 어떤 조처를 하든 국경 봉쇄는 그리 효과적이지 않다. 봉쇄는 단기적으로 효과가 있을지 모르나 장기적으로는 한계가 있을 수밖에 없다. 국경 협력이 나날이 중요해지는 21세기 글로벌 사회에서 국경 봉쇄는 역사의 흐름을 거스르는 반역이다.

다시 국경을 생각하다

초국경적 팬데믹감염병 대유행은 우리에게 국경의 의미를 다시 생각하게 한다. 국경, 아니 접경은 어떻게 단절되고 폐쇄적인 공간으로 전위되었는가? 제한된 지면으로 두 가지 사례만을 검토해 보자.

　비옥했던 땅과 천혜의 기후 조건을 가진 중미 히스파니올라 섬은 17세기에 프랑스와 스페인에 의해 분할 점령된다. 유럽 열

그림 1_ 아이티와 도미니카 공화국의 국경 모습을 촬영한 위성 사진. 산림이 황폐화된 아이티의 지형과 산림으로 우거진 도미니카 공화국 영토의 모습이 대조적이다.(출처:Wikipedia)

강들의 식민지 쟁탈과 자의적인 국경선 획정이라는 세계사적 의미를 지니는 이 분할로 오늘날까지 아이티와 도미니카 공화국은 360km의 국경을 접하고 섬을 공유하게 된다. 스페인으로부터 독립한 도미니카는 20세기에 들어서 독재 정권의 부정부패와 인권 유린으로 얼룩졌다. 독재자 트루히요Rafael Trujillo는 정권 불만 무마용으로 국경을 접하고 있던 이웃 아이티를 정략적으로 이용했고, 1937년에는 접경 지대에 살고 있던 1만 명 이상의 아이티인들을 집단 학살하는 반아이티 인종주의적 정책으로 국경을 도미니카화하기 시작했다. 이후 국경 지역의 학교에서는 애국심 고취를 위한 스페인어, 역사, 지리 등 애국 교과 수업을 더욱 강요했다. 분단이 강력한 독재를 낳았고 독재는 분단을 이용하는 악의 순환 고리가 형성되었던 것이다. 지금은 물가 인상과 치안 불안 등으로 서반구 최빈국으로 알려졌지만 아이티는 한때 세계 최대 설탕 생산국으로서 카리브해의 진주로 불릴 정도로 황금기를 누렸다. 도미니카는 아이티와는 달리 경제 발전과 정치 안정을 이루며 코로나19 발생 이전에 연간 650만 명의 해외 관광객이 찾는 인기 휴양지이기도 하다. 분단된 한반도에서 남한과 북한의 완전히 다른 두 나라가 절묘하게 공존하는 모습과 유사하다.

또 다른 예를 들어보자. 수 세기 동안 인도에서는 다양한 종교가 특별한 적대 관계 없이 공존했고 총인구의 약 1/4을 차지하던 인도의 무슬림들은 힌두교도들과 영국으로부터의 민족 독립을 위해 함께 노력했다. 1947년 분단 직전까지도 종교는 사적 영역에 머물렀기 때문에 여러 종교는 일상의 삶에서 평화롭게 어울릴 수 있었다. 하지만 영국이 인도에서 철수하기 직전에 무슬림·힌두 지도자들과 함께 인도와 파키스탄의 국경선을 서둘러 확정하면서 상황은 급변했다. 양국의 접경 지대 사람들은 '국경선' 너머의 상대방 주민들을 여전히 과거의 이웃 마을 사람들 정도로 생각하면서 주말 장터에서의 마을 간 교역을 지속하는 등 이곳에서 종교와 애국심은 부차적인 문제로 여겨졌다. 전통적으로 이들은 자신이 재배한 다양한 경작물을 옆 마을에 내다 팔았는데, 국경선 설정 이후에는 밀수 혐의로 체포되는 세상이 되었다.

신생 국가가 국경 수비를 강화하자 잠정적으로 그어졌던 경계는 분단선으로 고착되었다. 무슬림이 인도에 남기고 떠난 과수원의 나무에서 망고 열매를 따던 힌두 인도인이 파키스탄 국경 수비대에 의해서 체포당하자, 그의 친척들은 '국경선'을 넘어 예전처럼 초지에서 소에게 목초를 먹이던 파키스탄인에게 앙갚음을 했다. 접경 지대의 평온했던 마을은 민족 이데올로기와 군사적 충돌의 장소로 무섭게 변모하면서 이웃 힌두 혹은 무슬림 촌락과의 교역은 반민족적 행위로 처벌을 받았다. 접경 지역은 지리적으로 신흥 국가의 변방으로 탈바꿈하였지만, 그곳은 오히려 정치적 지각변동의 중심지로 부각되었다.

분단으로 양측에서 힌두교도들과 무슬림 1천만 명 이상이 강제 이주를 했으며, 이는 단기간에 진행된 세계 최대의 이주였다. 최소 50만 명이 살해당했고 힌두인과 무슬림의 유혈 충돌이 새로 획정된 국경선을 따라서 번져 갔다. 분단은 인도와 파키스탄을 불신과 증오로 가득 찬 앙숙으로 만들었고 핵무기 경쟁을 불러일으켰다. 본래 하나의 국가였다가 분단된 인도와 파키스탄은 이후 1948, 1965, 1971년의 3차례에 걸친 전쟁을 치렀는데, 이는 모두 국경 분쟁으로 발생했다.

진화론적 신념에 근거한 국경 이론

코로나19라는 팬데믹 앞에서, 국경의 배타적·공격적 기능만을 강조한 나머지 이를 불통의 장벽으로 파악했던 고전적 국경 이론은 국경이 갖는 접촉과 협력 기능을 설명하는 데 한계를 드러낸다. 국경을 넘나드는 초국가적 감염병은 자국의 이득만 고려한 정책이 더 큰 혼란을 유발하고, 이웃 나라와 함께 대처하는 것이 확산을 예방하는 지름길임을 새삼 일깨워 주었다. 신·변종 감염병 같은 보건 안보의 위협 요인을 감시·예방·대응하고, 질병 정보를 공유하는 다자적인 방역·보건 협력체를 구성하는 것이 시급하다.

국경 연구의 선구자인 프리드리히 라첼Friedrich Ratzel은 "영토가 국력이며, 국가는 생존을 위한 적절한 공간을 필요로 한다"고 주장한 바 있다. 이처럼 19세기와 20세기 전반기에 정립된 고전적인 국경 이론은, 국경은 지속해서 팽창해야 한다는 진화론적 신념에 근거한다. 하지만 이는 국경의 단절적·배타적 기능을 강조한 나머지 국경이 갖는 결합과 접촉의 역사적 사실과 국경을 넘는 탈국가적·노마드유목민적 요소를 등한시하고 말았다.

"역사는 기억이 지시하는 대상으로만 존재한다"는 폴 리쾨르Paul Ricœur의 말처럼, 국경에 대한 일국사적 기억은 국경을 배척과 분쟁의 단층선으로 변질시켰다. 그 결과, 국경 지역의 시원적이고 배타적 전유를 위한 영토 순결주의가 기획되고, 관련 전시회와 기념식이 열린다. 근대 국가의 욕망이 만들어낸 표상인 국경은 다양한 이데올로기적 기제를 통해 발명되고 의미화되는 과정에 놓인다. 동시에 대중의 동질성과 애국심을 고양하기 위해 과장과 왜곡된 기억을 소환하기도 한다.

역사가들은 국경의 평온한 일상적 삶보다는 갈등과 전쟁에 주목했다. 그래서 대치 속에 서로를 향한 증오가 팽배했지만, 역설적이게도 전쟁의 상처를 치유하고 화해하는 작업 역시 국경에서 시작되었다는 사실을 너무도 쉽게 간과했다. 그곳은 이념 대립이 판치는 공간인 동시에 인간의 이성과 합리성을 실험하는 장소였다. 지역 주민들은 상호 이해와 공존을 모색하면서 양자택일을 강요하기보다는 양자병합의 논리가 통용되는 야누스적 사고를 하는 창조적 공간을 형성할 수 있었다. 요컨대 이질적 세력이 조우하고 충돌하는 접경 공간을 정합하는 실용적인 노선을 걷고자 했던 역사를 만들어낸다. 또한 이주와 이산, 결혼과 교류를 통해 한곳에 모인 이질적 문화들이 서로 만나 뒤섞인 까닭에 국경은 순수한 피와 문화가 더는 존재하지 않는 혼종과 공존의 공간이다.

접경, 인간과 환경 사이 완충지대

·

상이한 개별 집단의 기억을 무기 삼아 벌어지는 '기억의 전쟁'을 이제 종식해야 한다. 이를 위해 국가 간의 공통 역사와 문화 정체성을 확인하는, 국경을 초월한 초국가적 기억을 되살리는 작업이 요구된다. 초국가적 기억의 장소를 발굴하는 작업으로 국가주의적 기억의 공백을 채우고, 민족 국가의 날카로운 모서리로만 이해되는 국경에서 진행되었던 얽힘의 역사를 복원할 수 있을 것이다.

재난으로 인한 경제적 어려움, 궁핍한 현실에 대한 무기력감, 사회적 불안감은 오히려 국가 간 협력을 강화하기도 했다. 알베르 카뮈의 소설 『페스트』는 공동체적 연대 의식으로 감염병에 맞서는 다양한 인물 군상을 그린다. 역사적으로도 16세기 후반 소빙하기의 도래와 생태계 변화로 '지구적 위기'를 맞은 잉글랜드에서 비슷한 일이 발생했다. 부유한 주민들에게 어려움에 처한 이웃을 위한 구빈세를 내도록 법률을 제정한 것이다. 구빈법 제정을 통한 일종의 '사회 연대세'를 도입해 위기에 대처했다. 이처럼 기후 변화와 지구적 감염병 유행은 공동체의 결속과 그 가치를 되살리는 계기가 될 수도 있다.

1970년대에 독일 민주 공화국^{동독}은 스스로 해결할 수 없을 정도로 환경 오염이 심각했다. 특히 대기 오염도는 유럽에서 최악의 수준이었다. 당시 동독 지역에서 방류되는 막대한 폐수가 동·서독 접경 지대의 공유 하천과 바다로 유입되면서 동·서독은 환경 보호를 위한 포괄적 논의를 진행했고, '접경위원회'가 공유 하천 보호와 수자원 분야 협력, 초국가적 재해 방지 임무를 맡게 된다. 동·서독의 관계 중앙 부처와 서독의 접경 4개 주가 참여한 이 위원회는, 국경 문제를 중앙 정부와 접경 지역 지자체가 협력해서 해결한 성공적인 사례이다. 여기서 중요한 사실은 상대방 국가에 오염의 책임과 배상을 요구하기보다는, 국경을 선線인 동시에 협력의 공간으로 이해하는 초국경적 노력을 통해서 문제 해결을 모

그림 2_ 서독과 동독의 옛 국경선은 독일어로 '녹색띠'라는 뜻의 그뤼네스반트라는 자연 보호 구역으로 탈바꿈했다.(출처:Wikipedia)

색했다는 것이다.

　이 사례를 교훈 삼아, 중앙 정부^{중심}와 접경 지역^{주변}이 이분법적 대립이 아닌 협치 관계를 구축해 국경 협력의 물꼬를 트는 유연한 정책을 모색해야 한다. 이는 중앙 정부가 한 방향으로 추진하는 하향식^{top-down} 정책이 구체적 성과를 내기 어려운 상황에서 대안이 될 수 있다. 인간과 국가가 설정한 경계를 아랑곳하지 않고 넘나드는 팬데믹이 증명하듯이, 환경 앞에 국경이 있을 수 없고 접경 지역은 일차적 피해자이자 당사자로 환경·사회 문화적 이슈에서 국경 협력의 추진자로 나서야 할 것이다.

　근대 국가의 탄생 이후 접경 지대는 정치·사회적 주변부로 머물렀지만, 자연 생태계가 살아 있는 환경 보전 지역으로서 민간인 접근 제한과 상대적으로 낮은 인구밀도 때문에 인간이 자연에 내포된 공간이기도 했다. 일부 국가는 이런 곳을 '접경 지역 생물권 보전 지역'으로 지정해 공동으로 관리한다. '죽음의 선'으로 불렸던 옛 동·서독의 국경을 녹색 지대인 '그뤼네스반트^{Grünes Band}'로 변화시키고, 냉전 시대 '철의 장막'이 있던 동유럽의 국경 지대가 생태 보호 구역으로 지정되면서 유럽 그린벨트 국경 협력이 진행되었다.

　한반도의 접경 지대인 비무장 지대와 북한-중국-러시아 국경 사이의 삼각 지역도 비교적 온전한 자연 생태 경관을 유지한다.

생태학적 위기 시대에 요구되는 상호 협력적 국경 정책을 통해 자연을 존중하는 공간으로 거듭나야 할 것이다.

그러나 숲과 같은 자연을 인간이 '개발'이라는 명목으로 파괴하면서 기후 변화, 생태 교란과 더불어 새로운 감염병이 등장했다. 코로나19를 비롯해 에이즈, 사스, 메르스 같은 신종 감염병의 75%는 야생 동물에서 유래하는 인수 공통 전염병이다. 인간과 환경의 경계인 완충 지대가 없어지면서 급속도로 전파된 이른바 '환경 전염병'인 것이다. 이제 국경은 군사적 방어벽이기에 앞서 인간 안보에 초점을 맞춰야 하는 공간이다. 국경을 맞댄 접경 지역에서 환경 분야의 초국경적 협력을 공식화할 필요가 있다.

변방을 변화의 공간으로

접경 지역은 창조적 공간이기도 하다. 예컨대 미국의 역사학자 프레더릭 잭슨 터너Frederick Jackson Turner는 고전적 저서 『미국사와 변경』에서 "19세기 미국 서부 프런티어국경의 변화가 역으로 중앙 연방 정부의 행정 체계를 바꾸었다"는 사실을 확인한 바 있다. 터너의 프런티어 사관에 따르면, 서부 개척은 민족적 혼종성과 종파적 다양성을 가능하게 했고, 여기서부터 '변경 민주주의', '개척자 민주주의'가 탄생하면서 진정한 미국이 출현할 수 있었다.

역사적 사례는 또 있다. 서양의 중세 시대에 독일 동부 지역은 본래 다양한 슬라브 종족이 거주하던 땅이었다. 이곳으로 이주한 독일의 '손님들'은 야만적인 동화 정책을 밀어붙였던 역사도 있지만, 현지인과 협력해 도시를 건설하고 점차 잡거와 혼종의 독일-슬라브 접경을 형성했다. '슬라브화한 게르만 지역'이라는 의미의 게르마니아 슬라비카Germania Slavica로 불리는 이곳은, 19세기 독일 통일을 주도한 프로이센이 유럽의 강국으로 부상하는 발판을 마련한 장소이다. 비스마르크에서 제3제국으로 이어지는 독일 근현대사의 중심이 슬라브-게르만 혼혈성이 뿌리내리고 새로운 정체성이 창조된 접경 공간에서 비롯된 것을 보면 역사에 영원한 중심과 주변은 없어 보인다.

역사적으로 접경의 창조성은 중앙 정부의 영향력이 상대적으로 미약하여 주변 지역이 세력 기반을 확립할 수 있었기에 가능했다. 나아가 이들은 초국경적 연계를 구축하고 지역 간 협력 공간을 형성함으로써 확립된 혼종화된 지역 정체성을 발판으로 위기 상황에 원숙하게 대처했다. 이런 이유로 신영복은 저서『변방을 찾아서』에서 변방의 의미와 가치를 규정하며 "중심부에서 멀리 떨어진 주변부"로 인식되는 변방을 "새로운 중심이 되는 변화의 공간, 창조의 공간, 생명의 공간"으로 이해했다. 그는 변방을 창발적 혼종 공간으로 읽어냄으로써 새로운 역사로 도래할 열혈 중심인 변방의 의미를 역전시켜야 함을 강조했다.

산업 사회가 유발한 생태적 위기인 코로나19는 인간과 자연 사이의 '생태적' 거리 두기라는 과제를 던졌고, 새로운 통찰과 삶의 근본적인 변화를 요구한다. 또한, 국경을 자유롭게 넘나드는 '초국경적' 코로나19의 대확산은 국경의 의미와 기능에 대한 인식을 새롭게 부각한다. 국경을 국가의 안보 이익만을 위한 분리와 배제의 전략적 경계선으로 이해할 것이 아니라 협력의 공간으로 재성찰해야 할 때이다. 감염병의 초국가적 위협에 맞서려면 접경 지역 국가들의 신뢰와 연대의 정신, 그리고 책임 공유가 필요하기에 더욱 그렇다. 그러나 국경 협력을 국경 주변의 천연자원과 산업 기반 시설의 공동 개발에만 치중한다면, 이는 근대가 기획했던 국경 정책의 실수를 반복할 뿐이다.

냉전의 종식, 민족 문제의 부상, 정보 통신 혁명, 세계화의 심화, 팬데믹으로 국가들의 경계를 넘어서는 국경 협력이 급진전되면서 '선'으로서의 국경은 불분명해지고 '접촉 공간'으로서 국경이 더 중요해졌다. 국경을 장벽이 아니라 연결과 교류의 공간으로 인식하려는 경향이 더 뚜렷해진 것이다. 접경적 시각은 중심에서 구축된 지배 질서가 주변에 미치는 양상을 보여주고, 역으로 중심이 주변의 공간적 재구성을 수용하는 과정을 보여준다. 이는 곧 주변 접경 지역의 영향을 받은 중심중앙 정부 스스로의 정체성을 재구성하는 작업으로 이어진다. 주변과 중심의 관계는 길항적이기도 하지만 상호 의존적이기도 하다.

참고 문헌

중앙대·한국외대 HK+ 접경인문학연구단, 『접경의 기억-초국가적 기억의 장소를 찾아서』, 소명출판, 2020.

차용구, 「국경(Grenze)에서 접경(Kontaktzone)으로-20세기 독일의 동부국경 연구」, 『중앙사론』 47, 2018.

_____, 『국경의 역사-국경 경관론적 접근』, 소명출판, 2022.

차용구·고반석, 「근대 초 잉글랜드의 기후변화 대응 연구-1598년 구빈법과 연민 공동체」, 『중앙사론』 50, 2019.

코로나 시대, 국가와 민족의 '귀환'

더 진해진 국경선, 외면받는 소수자

박노자 Vladimir Tikhonov

자본주의에는 일종의 '양가성'이 내재해 있다. 한편으로, 노동자에게는 국경이 있어도 대자본에는 국경이 없다. 삼성 휴대전화는 흔히 '한국 대표 상품'으로 거론되지만, 사실 삼성 휴대전화 전체 생산량 중 국내 생산은 6% 정도밖에 안 된다. 해외에서 생산하고 해외에서 파는 게 일반적이다. 결정권을 전적으로 자본에 맡기면 생산과 소비에 필요한 주요 요소인 자금·기술·노동력·자원의 국경을 넘는 이동은 더 빨라지고 그 폭도 커질 것이다. 물론 그 목적은 이상주의적인 '국제주의'가 아니라 이윤 극대화에 있다. 그러나 다른 한편으로는, 대자본조차도 성장할 때나 시스템 전체가 위기에 빠질 때는 최종적 보호막인 국가를 찾는다. 자유방임주의 전통이 있는 미국에서마저도 국가가 주기적인 경제적 공황에 구제

금융, 천문학적 규모의 공적 자금 투입, 양적 완화 조치 등으로 대응한다. 자유방임주의 전통이 역사적으로 존재하지 않는 한국에서는 사정이 더욱더 분명하다. 삼성을 포함한 한국 재벌들만 보더라도 국가의 특혜 금융 등을 빼고 그 성장을 논할 수 있을까? 나아가 한국 재벌 기업의 해외 생산·판매망의 원활한 운영은 세계 6위2020년 군사 대국인 한국이라는 '신진 강국' 외교, 그 '북방 전략'이나 '신남방 정책'의 핵심 목표가 아닌가?

2008년 이후 다시 '국가화된 경제'로

이런 양가성이 있기에 세계 자본주의 체제 역사에서는 진자 운동처럼 대자본 본위 '국제화' 시기와 국가 본위 '국가/민족주의' 시기가 교체되곤 한다. 예컨대, 1870~1914년은 '제1차 국제화' 시대였다. 제1차 세계대전1914~1918을 앞둔 당시, 서구 선진국들의 전체 자본금에서 해외 투자가 차지하는 비율32%이 1990년대 말28%보다 더 높았다. 1914년 이전까지 적어도 유럽 안에서는 주민들이 비자뿐만 아니라 여권 없이도 이웃 나라를 자유로이 왕래할 수 있었다. 지금은 믿어지지 않지만, 1917년 이전까지는 '무정부주의자', '정신이 박약한 사람' 등등의 일부 범주만 제외하고서 구미권 백인 누구나 언제든지 미국에 자유롭게 이민 갈 수 있었다(동시에 비非 백인의 미국 유입은 통제되었다). 그런 세계는 20세기 전반 제1차 세계 대전과 대공황, 그리고 제2차 세계대전과 국가 단위 케인스주의^수 정자본주의 도입으로 종언을 고했다.

그림 3_ 1884년 콜레라 유행으로 격리가 의무화된 프랑스와 이탈리아의 국경 모습. *The Graphic*의 삽화. 1884년 8월 16일.

대략 1914년부터 1970년대 중후반까지 선진 자본주의권은 '국가화된 경제' 시대였다. 국가 주도 경제 개발이 한창이던 한국에 선 그 시기가 1997~8년까지 지속되었다. 적어도 그때까지 한국에서 국가가 예컨대 외국인의 은행 주식 소유를 불허하고 전반적으로 외국인 주식 투자 등을 제한하는 등, 국제 자본의 국내 침투에 제어를 걸고 있었다. 하지만 국가 주도의 '국민 경제'는 20세기 후반기의 국제적 흐름상으로는 언젠가는 종언을 고하게 되어 있었다. 1978년 중국의 개혁·개방, 그리고 비슷한 시기에 신자유주의로 전환한 주요 핵심부 국가들의 탈규제 흐름이 맞물리면서 1970년대 말부터 '제2차 국제화'가 시동을 걸었다. 그 물결에 동구권이 휩쓸려 몰락하고, 한때 '단일 민족 국가'를 자처하던 한국은 전체 인구에서 외국인 비율이 거의 5%에 이르는 다민족 사회가 되었다. 북한도 경제적으로 반쯤 열린 '장마당'과 '돈주신흥 부유층'의 나라가 되었다. 오늘날 세계의 거대한 돈의 흐름은 거의 1914년 이전 시기처럼 핵심부에서 (준)주변부를 향해 흘러나가는 한편, 수억 명의 이주 노동자는 주로 핵심부를 향해 이동한다. 지금 전 세계에서 타국에 사는 이주자 인구는 3억 명에 다가선다.

그런데 2008년 신자유주의적 글로벌 경제가 금융 위기와 공황을 맞은 뒤로는 자본주의 체제의 진자가 다시 '국가 본위' 쪽으로 이동하기 시작했다. 제조업과 일자리의 주변부로의 이전은 경제 성장의 주요 동력인 핵심부의 총수요를 위협하는 수준이 되었고, 거대 경제로 성장한 중국은 여태까지 미국과 유럽권의 전유물이던 지정학적 야심을 드러내기 시작했다. 핵심부 지배층 입장에서 '제2차 국제화'는 이제 아편전쟁 이후 완결된 구미권 중심 세계 체제를 위협하는 '위험 수위(?!)'에 도달해 '조절'해야 할 필요가 있었다.

구미권 밖으로의 제조업 이전을 생존 위협으로 받아들였던 구미권의 많은 노동자, 서민도 이런 생각을 공유했다. 경제적 지위는 달라도 '국적'과 '인종' 혹은 '민족'을 공유하는 지배자와 피지배자들은 많은 구미권 나라에서 '반反이민 동맹'을 맺었다. 신자유주의를 받아들여 고학력자 위주로 재편된 사민주의적 온건 좌파는 노동 계급 상당 부분의 극우화를 막을 힘이 없었고, 급진 좌파는 고립된 소수에 불과했다. 프랑스에서는 약체화한 사회당과 공산당을 대신해 극우 국민 전선이 새로운 '노동자 정당'이 되었다. 영국은 노동자 표의 힘으로 유럽 연합 탈퇴를 선언했고, 미국에서는 보수적인 백인 소시민과 노동자가 도널드 트럼프를 대통령으로 만들었다. 배외주의의 파도 속에 1970년대 말 이후 '제2차 국제화'는 이처럼 2008년 이후 점차 막을 내리는 방향으로 흘러갔다.

초국가적 국제기구들, 팬데믹 앞에서 무용지물

세계화의 몰락은 2020년 코로나19 대유행으로 한층 가속화되었다. 1914년 때처럼 일정 수준의 국제화에 익숙해진 세계 시민은 그들이 국가 본위의 세계에서 산다는 사실을 돌연히 깨달았다. 세계 보건 기구^{WHO} 등 초국가적 국제기구들은 실질적인 각국 방역에 그다지 기여하지 못하고 존재감을 드러내지 못했다. 유엔도 거의 무용지물이었고, 방역은 오로지 개별 국가의 몫이 되었다. 국가에 의한 철저한 출입국 통제는 이제 '새로운 표준^{뉴노멀}'이 되어 앞으로도 오랫동안 그렇게 남을 것 같다.

그러나 국가 행정력과 의료 체계의 시험대가 된 코로나19 국면에서 서구 사회는 동아시아에 여지없이 패배했다. 핀란드와 아이슬란드, 뉴질랜드 등 소수 예외는 있었지만, 대부분 구미권 국가에는 중환자실 병상도, 의료 기기도, 확진자 동선을 확인할 인력도 턱없이 부족했다. 그 중에서도 영리 중심 후진적 의료 체계를 가진 미국은 최악이었다. 자신들의 무능을 호도하기 위해서, 미국을 비롯한 구미권 국가들은 만만치 않은 경쟁 세력으로 성장한 코로나19 '진원지' 중국을 상대로 포문을 열었다. 2020년은 '코로나의 해'이자 20세기 초반 그 악명 높은 '황화론'을 연상케 하는 '중국 혐오증^{Sinophobia}'의 해로도 기억될 것이다.

한국에서 '혐중'은 본래 주로 일베 같은 청년 극우나 일부 기독교 근본주의자의 몫이었다. 그런데 요즘은 중국과 중국인에 대한 거부 반응은 극우 아닌 일반인 사이에서도 널리 퍼졌다. 한국인 사이에 퍼진 중국에 대한 비호감 수준^{75%}은 덴마크^{75%}나 영국 ^{74%} 등 구미권 국가들과 다를 게 없다. 그러나 중국이 한국 경제에 막대한 영향을 미치는 이웃인 만큼 한국의 주류, 그 중에서도 특히 정부 기관들은 중국에 매우 신중한 접근을 한다. 하지만, 2020년의 미국은 달랐다. 트럼프 정부는 대놓고 중국을 '잠재적 적국'으로 지목하고 중국 공산당을 세계인의 '공적'이라고 천명했다. 1950년대 냉전 전성기 수준의 수사를 방불케 한다. 수사뿐만이 아니었다. 중국 인민 해방군과 관련이 있는 것으로 의심받는 재미 중국인 연구자와 학생들이 추방 대상에 오르고, 1천여 명의 중국인 연구자가 '잠재적 스파이'로 의심받아 비자 발급을 거부당했다. '민감한' 연구, 산업 부문의 취직은 중국 공민뿐 아니라 재미 화교에게도 사실상 불가능해졌다. 이처럼 '인종'에 의해서 일각의 재미 이주자 집단이 국가적 배제를 당한 것은 한국전쟁 시절 화교에 대한 국가적 통제와 억압 이후 처음이었다.

폭력과 폭언에 노출된 미국의 아시아인들

사실 인종주의적 중국 배척이야말로 미국의 전통 중 하나이기도 하다. 중국인 노무자 입국을 막은 미국의 1882년 '중국인 배척법'은, 중국에서 지금도 서구 인종주의의 전형적 사례로 기억된다. 19세기 후반 미국에서 국가적인 '중국인 배척'이 백인 민간인에

그림 4_ 한 손에는 중국인 배척법령을 한 손에는 세제를 들고 있는 엉클 샘이 중국인을 발로 차고 있는 세제회사의 상업광고. 법령이 '더러운' 중국 이민자들을 쓸어버리듯이 세제가 때를 말끔히 제거한다는 함의를 가진 유명한 광고였다. 1886년.

의한 중국인 학살과 구타 등 폭력을 수반했듯이, 오늘날 '현대판 황화론'도 민간인에 의한 비조직적이고 산발적인 폭력 행사를 배태한다. 코로나19 위기 상황에서 트럼프 전 대통령부터 솔선해서 '중국 바이러스China Virus'라든가 '쿵 플루Kung Flu' 같은 인종주의적이며 자극적인 언어를 구사함으로써 민간인의 폭력적 배타주의를 포용하는 듯한 인상을 주었다. 바이든 대통령 치하에서는 국가가 거주 아시아인들에 대한 폭력에는 어느 정도 제동을 걸었지만, 국가로서의 중국에 대한 신냉전적 조치들은 오히려 더 강화되고 더 체계화되었다.

미국에서 폭력과 폭언에 피해를 본 사람은 중국인만이 아니었다. 백인 인종주의자에게 '중국인'은 '아시아인'의 범칭처럼 되었다. 한 여론조사에서 절반 이상의 재미 아시아계 디아스포라는 '인종주의적 폭력의 급격한 악화'를 실감한다고 응답했다. 뉴욕의 일본인 피아니스트나 텍사스의 버마계 일가족 등 중국과 아무 관계가 없는 다른 아시아 국가 출신 이주자들도 인종주의적 폭력으로 중상을 입었다. 아시아계 이민자가 비교적 많은 캘리포니아주의 여러 학교에서 베트남계나 한국계 학생들이 코로나 국면에서 인종주의적 왕따를 지속적으로 당한다는 보도가 나오고, 미국 전역 여러 대학에서도 아시아계 학생이 폭력과 폭언의 위험에 노출되었다. 미국과 유럽 현지 한국인도 상당히 높은 수위의 인종차별적 행위와 폭언에 자주 노출되곤 했다. 직접적인 폭력까지는 아니더라도 현지인의 불편한 응시 정도는 영국이나 독일, 프랑스에서 사는 한국인치고 당해보지 않은 사람이 거의 없다.

코로나19의 전 지구적 팬데믹은 여태까지의 국제 관계와 관행을 뒤집어 놓았다. 생각해보면 1978년 이래 중국의 초고속 성장 상당 부분은 바로 미국의 기술과 자금에 힘입은 바가 크다. 지금도 미국이라는 거대 시장이야말로 중국 수출 물량의 16% 이상을 구매해 주는 중국의 가장 큰 외부 고객이다. 재미 유학생 수만 봐도 한국인은 약 5만 명이지만 중국인은 35만 명 이상으로 1위이다. 중국과 미국이 이처럼 지난 40년 동안 '커플링coupling', 즉 공생 관계에 있었기에 트럼프 정부가 코로나 국면에서 시작하고 바이든 정부가 지속적으로 진행하고 있는 '디커플링decoupling', 즉 중–미 결별은 대단히 아프고 폭력적인 과정이 아닐 수 없다.

일본, 재일조선인 학교 지원 대상에서 빼

미국에서 현재 바이든 정부는 백인의 반아시아인 폭력을 제어하는 쪽으로 수사와 정책 방향을 바꾸었다. 그러나 미국 군부와 안보 기관, 그리고 주요 기업이 중국을 '경쟁자'나 '가상의 적'으로 여기는 이상, 재미 화교를 비롯한 미국의 아시아인에게는 앞으로도 시련의 나날이 이어질 가능성이 크다.

코로나19 국면에서 두드러진 민족주의 내지 인종주의는 꼭 이처럼 커다란 지정학적 지각 변동에만 기인하지 않는다. 새로운 '국가 본위의 시대'가 도래하는 만큼, 기존 소수자 차별이 더 심화하는 경우가 흔히 관찰된다. 예컨대 외국인과 재일조선인에 대한 차별의 뿌리가 깊은 일본에서는, 코로나19 영향으로 생계가 곤란해진 대학생에 대한 정부 지원금 지급 조건이 외국인 유학생은 내국인 학생보다 훨씬 까다롭다. 총련 계열 조선대학교처럼 재일조선인이 다니는 학교는 아예 지원 대상에서 배제되었다.

이런 상황에서 일본의 끈질긴 차별주의를 비판함과 동시에, 한국도 자신의 모습을 한번 돌아봐야 한다. 2020년 4월 서울시가 1차 재난지원금을 지급했을 때 다문화 가족이나 영주권자에게는 한국 국민과 동일하게 지원했지만, 외국인 노동자와 한국 거주 동포, 그리고 외국인 유학생은 배제했다. 서울시는 뒤늦게야 국가인

권위원회의 시정 권고를 받아들여 외국인 체류자에게도 재난지원금을 지급했지만 논란이 적지 않았다. 외국인 혐오증이 한국 사회에도 상당히 퍼져 있음을 새삼 확인할 수 있었다.

한국에서는 특히 미등록 외국인 노동자의 코로나19 피해가 심각했지만, 세계 전체에서도 2020년은 외국인 이주 노동자에게 '수난의 해'였다. 거주국의 차별과 강경해진 배외주의 분위기, 비좁은 주거 공간 등 여러 악조건이 겹치면서 세계 곳곳에서 대형 참사가 빚어졌다. 예컨대 싱가포르는 방역이 매우 성공적이어서 대학생 중에는 확진자가 아예 안 나왔지만, 비좁은 기숙사에 갇혀 지내는 외국인 노동자는 절반이나 코로나19 양성 반응을 보였다. 코로나19 확산을 막으려는 공장 폐쇄도 외국인 노동자를 강타했다. 말레이시아와 타이에서는 외국인 노동자의 실업과 기아 문제가 심각한 것으로 알려졌다. 외국인과 함께 코로나19로 가장 큰 타격을 입은 것은 국내의 인종적 소수자들이다. 그들은 경제력이 취약하고, 코로나19에 따른 경기 침체로 폐점 비율이 높은 소매업 등의 업종에 많이 종사하는 데다, 감염 위험이 큰 육체 노동을 하는 경우가 훨씬 많다. 게다가 거주국 언어에도 능통하지 못해 정보 접근에 어려움을 겪으면서 감염에 쉽게 노출된다.

'모범적 복지 국가' 노르웨이에서도 2020년 봄에 코로나19로 입원한 환자 중 소말리아 출신 이민자가 9%나 차지했다. 그들이 노르웨이 총인구에서 차지하는 비율은 0.8%에 지나지 않는다. 즉, 소말리아 출신에게는 코로나19에 걸려 입원할 확률이 평균보다 10배 이상 높았던 셈이다. 저임금 노동자나 영세 상인인 소말리아 출신들이 위험을 무릅쓰고 계속 밖에서 작업해야 했으니 그 피해 역시 컸다. 거기에다 노르웨이어 소통 능력이 낮은 사람이 다수인데도 노르웨이 방역 당국은 방역 정보 등을 소말리아어로 서둘러 번역할 생각이 없었다. 모든 주민에게 적어도 기본 생계를 보장해주는 북유럽에서도 코로나19로 인한 소수자의 수난이 적지 않았을 정도이니, '인종'과 '계급'이 거의 그대로 겹치는 미국 사회에서 소수자에게 벌어진 참극은 이루 형언할 수 없다. 미국의 흑인만 해도 코로나19 감염률이 백인보다 3배나 높다.

1930~40년의 악몽을 막으려면

코로나바이러스가 촉매제가 되어 그 도래가 가속화한 새로운 '국경의 시대'는 아마도 앞으로 수십 년 간 지속될 것이다. 그러나 부유한 국가들의 인구 고령화 등의 추세에 따라 노동 이민도 끊임없이 지속될 것이다. 팽배한 민족주의 분위기에서 차별과 배제에 노출된 '종족적 소수자ethnic minority'들과 연대하는 것이야말로 앞으로 진보의 핵심 의제로 떠오를 수밖에 없다. 그래야 1930~40년대 인류가 이미 경험한 악몽이 되풀이되는 것을 막을 수 있다.

참고 문헌

리오 휴버먼, 『자본주의 역사 바로 알기』, 책벌레, 2000.

박노자, 『미아로 산다는 것─워킹푸어의 시대, 우리가 짓고 싶은 세계』, 한겨레출판,
        2020.

백범흠, 『미·중 신냉전과 한국─전문가들을 위한』, 늘품, 2020.

한국서양사학회 편, 『서양문명과 인종주의』. 지식산업사, 2002.

행성적 사이버네틱스

지구라는 행성의 경계는 어디인가

이택광

코로나19 팬데믹 상황을 두고 국경의 귀환을 예고하는 전망이 많이 있었다. 지구화 또는 세계화로 요약할 수 있는 글로벌 자본주의에 위기가 도래하고 다시 민족주의를 강조하는 국가의 역할이 강화될 것이라는 진단이었다. 그러나 1년이 지난 지금 우리가 맞이한 세계는 이런 예측에 얼마나 들어맞고 있는가.

물론 이런 예상이 완전히 빗나갔다고 말할 수는 없을 것이다. 글로벌 자본주의 역시 겉으로 멀쩡해 보이긴 하지만, 장기적인 관점에서 본다면 짧은 시간 내로 회복하기 어려운 내상을 입었다. 그러나 그 내상의 의미를 곱씹어본다면, 자본주의의 위기가 초래하는 고통은 결코 사회 구성원 모두에게 공평한 것은 아니라는 사실을 어렵지 않게 깨달을 수 있다.

이동의 자유, 한낱 판타지였다

근대 민족 국가가 표방하는 핵심 가치는 모든 구성원이 평등한 권리를 보장받는다는 것이다. 글로벌 체제는 이런 민족 국가의 원칙을 내부에서 해체한 결과물이다. 지금 우리가 당면한 문제는 팬데믹으로 인해 존재하지 않던 것이 갑자기 드러났다기보다, 위기 상황으로 인해 기존 불평등 구조가 더욱 심화하고 골이 깊어졌다고 봐야 할 것이다. 구체적으로 살펴보자.

글로벌주의의 핵심은 바로 상품과 인간의 이동이었다. 여기에서 인간은 노동자이자 소비자를 의미했다. 겉으로 보기에 글로벌화한 세계에서 인간은 세계 시민으로서 자유롭게 국경을 넘나드는 것처럼 비쳤지만, 코로나19 팬데믹은 세계 시민주의의 자유라는 것이 한낱 판타지에 불과했다는 사실을 확인시켜 주었다. 글로벌 자본주의에서 인간은 대부분 여행 상품을 구매하는 소비자이거나 아니면 스스로 노동력이라는 상품으로서 국경을 자유롭게 이동할 수 있을 뿐이다. 인격화한 자본인 부르주아라면 아예 이런 제한에 구애받지 않을 것이다.

국경 통제가 강화되었지만, 한국의 경우만 보더라도 글로벌 자본주의는 멈추지 않았다. '뉴노멀'이라는 용어가 즐겨 사용되지만, 사실상 다른 정상성의 규범을 만들어낸 것도 아니다.

마르크스는 19세기에 이미 글로벌 자본주의의 도래를 목도하면서 유럽의 부르주아가 자신과 동일한 거울 이미지로 세계를 균질하게 만드는 것이 제국주의의 본질이라고 간파했다. 국제 협력과 개별 민족 국가의 관계는 서로 대립한다기보다 변증법적인 관계를 이룬다고 보는 것이 타당하다. 전자가 퇴조하면서 후자가 등장한다고 보는 것은 단편적인 시각이다.

글로벌주의가 초래하는 세계의 균질화는 모든 민족 국가를 똑같이 만드는 것이 아니라, 국가별 차이를 인정하면서 '선진화'라는 명목으로 하나의 시장 규칙을 모든 국가에 적용하는 것이다. 이른바 '글로벌 물류'는 글로벌 자본주의의 실체를 보여주는 물적 토대이다. 물류의 세계화가 가능하려면 개별 민족 국가 사이에 상품 이동의 안전을 보장하는 약속이 이행되어야 한다. 이 약속은 개별 민족 국가의 입법을 통해 가능하다. 이 입법을 국제 표준이라는 하나의 척도로 강제하는 것이 이른바 '글로벌 체제'의 핵심이다.

더불어 글로벌 체제 구축에서 빼놓을 수 없는 또 하나의 물적 토대는 바로 기술이다. 전례 없는 교통과 통신 기술의 발달은 팬데믹 상황에서도 글로벌 체제가 유지될 수 있게 한다. 백신 개발 역시 이런 기술의 일종으로 보아야 한다. 글로벌 통신 기술에 힘입어 코로나19 백신 개발이 신속하게 이루어졌다는 것은 놀라운 일이다.

인간 행동을 교정하는 기술

그러나 이런 과학 분야의 협력 관계와 달리 국제 정치 상황은 대립과 갈등을 연출했다. 특히 미국 도널드 트럼프 행정부는 세계 보건 기구WHO를 중국 보건 기구CHO라고 지칭하면서 혐중 정서를 이용해 미중 무역 갈등의 이해관계에서 자국 기업 이익을 옹호하고자 했다. 이런 상황 역시 코로나19 팬데믹 때문에 특별하게 발생했다고 보기 어렵다. WHO를 비롯한 국제기구의 역할은 미국 생명 공학 산업의 이해관계와 항상 충돌해 왔다. 오스트레일리아의 사회학자 멀린다 쿠퍼Melinda Cooper를 비롯한 연구자들은 이미 10년 전부터 '잉여 가치'를 위한 무한한 원자재로서 생명을 대상화하는 미국 생명 공학 산업의 이기주의를 지적해 왔다. 코로나19 팬데믹은 이런 연구자들의 경고가 크게 틀리지 않았음을 재삼 증명해줄 뿐이다. 팬데믹 해결에 국제 공조가 필수적이지만, 이런 글로벌 자본주의 이해관계는 다양한 정보를 정치적 목적에 따라 왜곡하는 경향을 초래했다.

왜곡된 정보의 유통은 1인 미디어를 중심으로 재편된 미디어 기술 환경과 무관하지 않다. 채널 다변화는 결과적으로 검증할 수 없는 정보의 유통을 낳는다. 이런 유통 구조에서 정보의 진위는 중요하지 않다. 더 많은 정보가 돌아다닐수록 미디어의 확장성은 증대한다. 코로나19 팬데믹 상황에서 글로벌 금융 시장이 건재할 수 있는 이유도 이런 미디어 기술 환경 때문이다.

인공 지능을 비롯해 과거에 4차 산업 혁명이라는 수사학에 머물렀던 기술의 상용화는 위기를 기회 삼아, 규제의 한계를 가볍게 넘어서서 우리 일상을 재구성하고 있다. 이런 기술화의 문제는 프랑스 기술 철학자 베르나르 스티글레르Bernard Stiegler가 지적했던 '범주화의 폭력'으로 이어질 수 있다. 오해와 달리, 이런 기술의 폭력성은 인간 자리를 기계가 빼앗아 간다거나, 기계의 전면화로 인간성이 상실된다는 식의 이야기가 아니다.

쇼샤나 주보프Shoshana Zuboff 미국 하버드대 교수가 『감시 자본주의』라는 책에서 밝혔듯이, 기술은 인간을 직접 제어하는 것이 아니라 인간의 행동을 기계에 맞추도록 한다. 주보프는 구글을 예로 들면서 초창기에 빅데이터의 용도와 다르게 사용되는 개인 정보의 문제점을 분석한다. 이 빅데이터는 개인 행

그림 5_ 『감시 자본주의(The Age of Surveillance Capitalism)』(2019)의 저자 쇼샤나 주보프(출처:Wikipedia)

동에서 만들어진 단순 정보이다. 그러나 이 정보를 이용해 구글은 수익을 올린다. 여기에서 중요한 사실은 구글이 직접 개인 정보를 판매하는 것이 아니라, 그 빅데이터를 토대로 수립하는 개별 소비자의 행동 방향에 대한 분석을 제공한다는 것이다. 개별 민족 국가는 이런 수익 구조를 정보 기술 혁명이라는 명분으로 입법해 허가한다. 입법 없는 상품화는 불가능하다. 이런 방식으로 개인 정보를 이용한 이윤 창출 구조가 고착화한다.

이런 주보프의 비판을 단순하게 받아들여 구글이 무단으로 개인 정보를 이용해서 행동 예측을 판매한다고 받아들일 수도 있다. 그러나 이 주장의 핵심은 빅데이터 산업이 우리 행동을 분석하는 차원에 그치지 않고 그 자체를 교정한다는 사실에 있다. 구글이 제시하는 표준에 맞추지 않는 특이한 행동을 '이상한 짓'으로 보이게 만들어 버리는 것이 이런 기술화의 심각성이라는 뜻이다. 이 문제가 바로 스티글레르 같은 이들이 주장하는 기술의 범주화이다.

범주화라는 것은 다양한 대상을 특정 범주에 가두는 작업이다. 인간을 만물의 중심에 두고 나머지 동물들을 분류하는 인간 중심주의적인 범주화에 우리는 익숙하다. 마찬가지로 이런 식으로 인간 행동을 범주화하는 빅데이터 기술은 미래의 행동을 미리 결정해서 우리에게 '정상적인 것'과 '비정상적인 것'을 구분하도록 만든다. 구글이 범주화한 패턴에 맞지 않는 행동은 비정상적인 것으로 받아들여지는 전도 현상이 발생한다. 이런 전도 현상의 결과는 기술을 통한 인간 행동의 교정으로 나타난다.

데이터 '빅 브러더'는 존재하지 않았다

작년에 중국에서 인공 지능을 활용한 회사 내 감시 시스템에 대한 기사가 중국 주간지 『경제』에 실렸다. 「나의 보스는 인간이 아니다」라는 양가적 제목을 이마에 붙인 이 기사는, 출근한 회사원의 일거수일투족을 인공 지능으로 감시하는 중국 회사들의 '신종 테일러주의'를 소개한다. 사무실과 건물 곳곳에 감시 카메라가 설치된 것은 물론, 의자와 책상에도 감지 장치가 있어 업무 시간에 15분 이상 자리를 비우면 자동으로 월급을 차감하도록 설계되어 있다고 한다.

확실히 조지 오웰의 '빅 브러더'를 연상시키는 이런 감시 시스템은 인간을 도구화하는 '권위주의 국가'로서 중국을 이미지화하기에 부족하지 않다. 그러나 이 기사에 등장하는 회사원들의 인터뷰가 말해 주는 것은 흥미롭게도 이 '빅 브러더'가 전혀 인간의 행동 양식을 이해하지 못한 채 작동하기 때문에 일의 능률이 오르지 않는다는 사실이다. 효율성을 올리기 위해 도입한 기술이 오히려 반대 효과를 만들어내는 것은 분명 문제이다. 그럼에도 놓치지 말아야 할 사항은 이런 기계 장치의 '어리석음'이 앞서 말한 범주화의 규범으로 작동한다는 점이다. 기계화한 회사에 출근하는 노동자들은 그 기계의 규범에 자신의 행동을 맞춰야 한다. 그 행동 교정이 말하자면, 이런 인공 지능을 도입한 목적이다.

우리가 쉽게 상상하는 것과 달리 절대적인 국가 권력은 존재할수 없다. 빅 브러더는 실재하는 것이 아니라 우리가 요청하고 상상하는 이상적 이미지에 가깝다. 팬데믹 경험은 우리에게 이런 사실을 증명한다. 우리는 열심히 방역을 위해 개인 정보를 넘기지만, 그 모든 데이터를 일사불란하게 관리하는 빅 브러더는 존재하지않는다는 것이 다시 증명되었다. 개인 정보를 들여다보는 것과 그것을 활용하는 것은 서로 다른 문제이다. 매일 우리 휴대 전화를 울리는 '재난 문자'도 정보를 공개할 뿐이지, 그 정보에 따라 우리를 통제하진 못한다.

나는 이런 국가 시스템의 문제를 '기계 감시'에 내재한 자동성의 문제라고 생각한다. 우리는 이 자동성에 의지함으로써 마치 국가가 제대로 작동하고 있다는 환상을 가진다. 그러나 이 기계의자동성은 자체 논리와 법칙에 따라 움직일 뿐이다. 즉, 이 기계 감시의 파놉티콘중앙 감시탑에서 모든 수감자를 은밀히 감시할 수 있는 원형 감옥에는 간수가존재하지 않는다. 수감자들이 서로 개인 정보를 넘겨 주고 넘겨 받으면서 간수가 존재한다고 믿는 구조에 지나지 않는다.

이들에게 중요한 건 기계 감시 기능이 제대로 작동하는 것이다. 정보는 이 완전한 자동성의 구현을 지탱하는 연료라고 할 수 있다. 문제는 정보가 아니라 정보를 해석하는 이데올로기이지만, 이 자동성의 강박은 이데올로기 자체를 비가시화한다. 말하자면, 이런 믿음의 구조를 해체하고 감시의 양가성을 통해 기득권 계층을 통제하고자 도모하는 것이 기계 감시 시대의 정치 과제라 할 수 있다.

감시 자본주의 기술 체계의 가속화

감시 자본주의 기술 체계를 나는 '글로벌 사이버네틱스'라 부를 수 있다고 본다. 원래 사이버네틱스라는 용어는 노버트 위너Norbert Wiener, 제어 공학의 틀을 닦은 미국 수학자가 그리스어로 키잡이 또는 조종자를 뜻했던 '퀴베르네테스κυβερνήτης'라는 말에서 따와 1948년 처음 사용했다. 기원적으로는 동물과 기계를 통제하고 조

그림 6_ 사이버네틱스의 제창자로 유명한 노버트 위너(출처: Wikipedia)

종하는 기술을 의미했지만, 오늘날 인공 지능 발달과 사이파이Sci-fi 장르의 영향으로 자기 규율적인 인간형 기계를 의미하게 되었다.

오늘날 우리에게 사이버네틱스는 인간과 사물의 경계를 사실 상 지워버린다. 앞서 언급한 중국의 '신종 테일러주의'에서 확인 할 수 있듯이, 글로벌 사이버네틱스는 '포스트 휴먼과학 기술로 신체적 능 력이 크게 확장된 인간'의 가치를 노동 관리 구조로 전환하는 중이다. 이제 사이버네틱스의 문제는 문화 차원에 머물지 않고 우리 일상으로 변주되었다. 근대 건축에서 집은 단순하게 거처가 아니라 우리 삶 을 조형하는 기계에 가깝다. 우리가 머무는 실내가 곧 사이버네틱 스의 허브가 되어 가는 것이 엄연한 현실이고, 코로나19 팬데믹은 이 상황을 가속시키고 있다.

이런 기술의 적용과 변화 자체를 러다이트처럼 거부하는 것은 퇴행적일 뿐만 아니라 이런 기술이 가져오는 사회 진보의 가치를 소홀하게 취급할 수도 있다. 나는 이런 의미에서 '글로벌 사이버 네틱스'의 관점을 '행성적 사이버네틱스'로 전환해야 한다고 주장 한다. 행성의 거주자로서 인간은 하나의 개체일 뿐이다. 인공 지능 기술을 이용해서 인간 행동을 조종하기 위해 대상화하는 것이 아 니라, 사이버네틱스의 원래 의미인 의사소통 기능을 되새겨볼 필 요가 있다.

도구성을 넘어선 기술의 목적은 이런 의사소통 문제에 있을 것이다. 글로벌화가 균질한 세계를 만들어내는 것이라면, 행성적 사이버네틱스는 지구라는 행성을 한 차원 위에서 바라보는 메타적 상상력을 전제한다. 메타적 관점에서 보면 글로벌 자본주의는 지구라는 공간에 한정된 특수한 체제일 뿐이다. 코로나19 팬데믹이 본질적으로 글로벌 자본주의를 떠받치는 상품과 인구 이동에 따른 결과라면, 시공간 축소를 이루어냈던 기술의 활용을 다른 방법으로 구상해 볼 수 있을 것이다. 인간을 중심에 놓는 것이 아니라, 이 지구라는 행성 전체를 바라보는 '키잡이'가 필요한 시점이다.

패러다임 전환은 어떻게 가능할까

이 패러다임 전환은 어떻게 가능할까. 행성적 사이버네틱스는 인간과 환경, 노동과 자본, 육지와 대양, 지구와 우주의 경계를 재설정하는 사유를 동반한다. 코로나19 팬데믹 위기란 바로 이 문제를 테이블에 올려서 논의해야 하는 절박함의 다른 이름일 것이다.

참고 문헌

쇼샤나 주보프, 김보영 역, 『감시 자본주의 시대 – 권력의 새로운 개척지에서 벌어지는 인류의 미래를 위한 투쟁』, 문학사상사, 2021.

슬라보예 지젝·이택광, 『포스트 코로나 뉴노멀 – 이택광 묻고 지젝 답하다』, 비전 C&F, 2020.

중국-홍콩 체제의 변화

국가가 커진 만큼 시민 사회는 멀어졌다

류영하

나와 같은 종족이 아니면, 그 마음이 반드시 다르다.

— 『춘추좌씨전』

국가와 지역의 접경

홍콩은 중국과 영국으로 대표되는 동서양의
정치 경제 사회 문화적 접경 포인트로서 다양
하게 연구되어 왔다. 1997년 주권이 영국에서
중국으로 반환되면서부터 '일국양제'라는 유
일무이한 접경이 생성되었고, 중국 정부와 본

그림 7_ 홍콩 거리에 나란히 걸려 있는
홍콩 구기와 중국 국기. 류영하 제공.

토^{locality} 홍콩은 '일국'과 '양제'의 우선순위와 무게 중심을 두고 경쟁해 왔다. 과거 홍콩이 중국과 세계의 소통을 위한 유일한 접경이었다면, 이제 중국은 상하이 등 새로운 접경을 마련하는 결실을 거두고 있다. 중국 국가주의가 힘을 얻는 배경의 하나이다. 그럼에도 '중국-홍콩체제'가 국가와 지역, 문화와 문화, 제도와 제도가 만나는 접경이라는 가치는 여전하다. 나는 양쪽 관계가 일방적이지 않고 상호작용이 중요하다는 측면에서 '중국-홍콩 체제'라는 이름을 붙였다.

2020년 1월부터 중국 우한은 76일 동안 외부와 단절되었고, 10월에는 칭다오의 전체 시민이, 12월에는 베이징의 한국인 최대 밀집 지역인 왕징의 주민 30여만 명이 코로나19 전수 검사를 받았다. 2021년 2월에는 허베이성 2,200만 명이 봉쇄되었다. 우한은 외부로부터 76일 동안 봉쇄되었고, 칭다오에서는 900만 시민을 전수 조사하기도 했다. 지역에 한 명이라도 확진자가 나오면 수십만 명이든 수백만 명이든 그 지역 전체 주민이 검사를 받아야 한다. 게다가 QR코드로 추적하고 즉시 격리시키고 있다. 애플리케이션으로 이동을 통제하고, 나아가서 빅데이터를 적극적으로 활용하여 개인의 건강 코드는 물론 이동까지 체크하고 있다.

2020년 3월 홍콩에선 4명 이상 집회를 금지하는 사회적 거리두기가 시작되었다. 2020년 11월 홍콩에서 댄스 클럽 발 4차 확산이 시작되면서, 2명 이상의 집합을 금지하는 사회적 거리 두기가 강제되었다. 2021년 3월에는 주룽의 일부 지역 봉쇄가 시행되었다. 200개의 건물을 봉쇄하고 코로나19를 검사하는 초강력 방역이 실시되었다. 그 지역은 닭장 집cage home, 관짝 집coffin home이라고 부르는 쪽방이 밀집한 곳으로 홍콩의 최저 소득층이 거주한다.

신자유주의와 주권 반환 이후에는 물론 코로나 사태에도 하위 주체는 여전히 가장 취약한 상태임을 보여주었다. 코로나 사태는 세계 각국과 마찬가지로 중국이나 홍콩에서도 빈부 격차를 확대시켰다는 보고가 끊이지 않고 있다. 특히 중국과 홍콩의 국경 봉쇄는 홍콩 경제를 지탱하는 큰 축인 관광업과 상업을 마비시켰다. 대륙 관광객을 포함한 외국인 관광객은 코로나 이전의 5% 수준을 기록하고 있다. 홍콩의 자본주의는 다시 한 번 중국이라는 국가와 자본의 지배적인 모습을 확인하고 있는 중이다.

2021년 4월 홍콩 정부는 인도, 파키스탄, 필리핀의 코로나 확산 때문에 해당 지역에서 출발하는 모든 여객기가 홍콩에 착륙하는 것을 14일간 금지하였다. 결과적으로 2021년 5월 현재 코로나19 확진자가 홍콩에서는 한 자릿수, 중국에서는 0명으로 집계되고 있다. 국가와 지역, 지역과 지역의 봉쇄와 규제가 바이러스 확산을 막아준 경험은 접경의 의미를 다시 생각하게 한다. 통합보다는 분리가 코로나19 통제에 효과적이었다는 말이다. 이번 사태로 국가와 지역 그리고 접경에 대한 정의가 다시 내려져야 한다. 물론 국가 내에서 지역을 구분하는 접경의 의미도 새삼 주목받았다. 앞으로 우리는 어디에서 통합되고 어떻게 분리되어야 하는가에 대한 질문에 시시각각 대답해야 한다.

중국 정부는 국가 차원의 방역 성공을 대대적으로 홍보하고 있다. 초기에 코로나19 발병 사실을 감추는 데 급급하다 사태를 키운 것도 국가 권력이고, 도시와 지역 간의 접경을 통제하여 바이러스 확산을 막은 것도 국가 권력이다. 중국의 포털 사이트에는 「중국의 방역 성공 경험, 왜 전 세계가 배워야 하는가」 같은 제목의 글이 많다. 글의 요지는 일관되게 공산당의 집중 지도, 국가 제도의 우수성, 전 국민의 참여, 과학 방역 등이다. 이처럼 국가가 블랙홀처럼 모든 논의를 삼켜버린 상태가 얼마나 지속될지 가늠조차 할 수 없는 지경에 와 있다.

토머스 홉스Thomas Hobbes는 국가를 "만인에 의한 만인의 투쟁을 끝내기 위해 구성원들이 합의한 괴물 같은 절대 권력"이라고 했고, 프란츠 오펜하이머Franz Oppenheimer는 "국가란 폭력을 동반한 강자의 지배 체계"라고 했다. 국가주의자들의 논리 속에는 통합의 장점만이 상정되고 있는데, 이번 코로나 사태는 반대로 분리의 의미를 돋보이게 했다. 제국의 건설은 우선 지역 정체성을 인정하는 것에서 출발하는데, 코로나19 사태를 계기로 중국 내 지역 사이에서나 '중국-홍콩 체제'에서나 접경의 긍정적인 측면이 도드라졌다.

국민과 시민

중국 우한에서 가장 먼저 코로나19 상황을 경고한 의사가 있었다. 그는 경찰의 조사를 받았고 이후 환자를 돌보다가 감염되어 숨졌다. 우한의 코로나19 상황을 국가의 통제를 넘어 외부에 알린 건 시민 기자들의 활약이었다. 의사의 희생, 지식인의 용기, 일반 시민의 협조 등이 중국 시민 사회의 존재와 그 가능성을 보여주었다. 하지만 그들은 곧 사라졌다. 코로나19 초기 중국 정부는 은폐하고 왜곡하고 억압하는 국가주의로 대응했다. 시민은 그렇게 은폐되고 왜곡되고 억압당하여 국민으로 포장되었다.

2020년 2월 코로나19 발생 초기 홍콩의 의료계는 중국과의 접경을 봉쇄하지 않으면 총파업에 들어가겠다는 데 99%가 동의했다. 코로나19가 퍼지면 의료진이 그 부담을 고스란히 지게 된다는 이유였다. 홍콩 시민 사회와 본토 홍콩의 존재감을 보여준 이벤트였다. 2020년 6월 홍콩에서 국가보안법이 발효되었다. 거리 시위가 중단된 것은 물론 사실상 홍콩의 모든 정치 활동이 어려워졌다. 1997년 주권 반환 이후 척박한 토양에서 그나마 뿌리를 내리기 시작했던 홍콩 시민 사회의 앞날은 불투명해졌다. 자신감을 얻은 중국 정부는 홍콩의 입법 의원 선거를 1년 뒤로 연기시키는 초법적인 조치를 단행하였다. 물론 코로나 방역을 그 이유로 내세웠다.

2021년 3월 열린 중국 전국 인민 대표 대회전인대에서 홍콩의 행정 장관, 입법 의원, 구 의원 등을 뽑는 홍콩의 선거법이 개정되었다. 이른바 '홍콩 특색의 민주화 선거 제도'는 선거 후보자의 자격을 심사하는 위원회를 설치하는 것이 뼈대이다. 애국심은 그 첫번째 기준이다. '애국자가 통치하는 홍콩'은 덩샤오핑이 처음 언급한 이래 지금까지 중국 국가주의의 상징적인 구호이다. 국가를 사랑하는 사람, 즉 중화 인민 공화국을 사랑하는 사람만이 홍콩 특별 행정구의 선거에 입후보할 수 있다는 것이다.

홍콩의 시민은 다시 국민으로 만들어지고 있다. 앞서 의료계 투표는 홍콩에도 '시민'이 존재한다는 외침이었다. 이후 홍콩에서 시민 사회의 활동은 극도로 위축되었다. 2020년 7월부터 홍콩 기본법과 홍콩 정부에 충성 서약을 해야 공무원으로 채용된다. 2021년 1월부터는 홍콩의 전체 공무원에게 충성 서약이 강요되고 있는데, 이를 거부한 129명에 대한 해고 절차도 진행되고 있다. 2020년 8월 중국의 국가주의에 비판적인 『핑궈일보』 사주 지미 라이Jimmy Lai가 체포되던 날, 평소 발행 부수가 7만 부이던 이 신문은 55만 부나 팔렸다. 이제 홍콩 시민은 자신의 존재를 이렇게 표현할 수밖에 없다. "홍콩 힘내라"는 문구는 물론 아무 내용도 없는 빈 메모지조차도 저항의 상징으로 간주되어 금지되고 있다.

홍콩의 민주화 운동 관련 내용이나 톈안먼 사건 같은 국가주의에 저항하는 내용이 홍콩의 교과서에서 사라지는 속도가 빨라지고 있다. 지역 정체성이 신속하게 국가로 통합되고 있다. 홍콩 '시민'은 코로나19 사태를 기다렸다는 듯한 중국 정부에 의해 중국 '국민'으로 포섭되었다. 나는 홍콩에서의 '국가보안법' 발효가 실질적으로 홍콩 시민이 국민으로 편입된 분기점으로 본다. 주권 반환 이후 상징적으로나마 가능했던 일국양제는 종식되었고, '중국-홍콩 체제'는 지금까지 해온 것처럼 또 다시 새로운 관계를 도모해야 하는 시점이다.

코로나19는 사회를 약화시킨 대신에 국가가 강화된 가장 전형적인 예 중의 하나가 될 것이다. 코로나19 사태는 세계 어디에서나 위르겐 하버마스가 말하는 '공공 공간Public Sphere'을 크게 축소하는 계기가 되었다. 중국에서도 홍콩에서도 국가 권력을 견제할 수 있는 힘은 보이지 않는다. 개인의 자유와 인권이 최대한 보장되는 유럽에서처럼 자유가 억압당하는 상황을 참지 못해 행동하는 시민이 보이지 않는다는 말이다. 중국의 대표적인 인문학자 류짜이푸劉再復는 중국에서 1949년 이후 국가 사회주의 체제가 건립되었는데, 국가만 있고 시민 사회는 없었다고 주장했다. 이 관점은 개혁 개방 40년이 넘은 지금까지도 유효하다 할 것이다. 시민 사회의 형성은 중국-홍콩 체제에서 양쪽 공히 걸음마 단계이다.

또 다른 사상가 리쩌허우李澤厚는 중국 현대를 '구망求亡'이 '계몽'

을 압도한 시간이라고 했다. '망해가는 나라를 구하겠다는 신념이 국민의 계몽을 방해했다'는 뜻이다. 지금까지도 계몽은 유보되고 있는데, '일대일로' 등 중국의 국가 우선주의에 밀리고 있다. 현대 중국에서는 시종일관 국민을 소환하고 국민을 동원해 왔을 뿐 시민의 성장은 유보되어 왔다는 것이 내 생각이다. '중국 특색의 사회주의 체제'에서 특히 시진핑 등장 이후 국가주의는 갈수록 강화되고 있다. 이제 '구망'보다 '국가'가 '계몽'을 압도하는 형국이다.

신자유주의와 주권 반환이라는 이중의 충격에 더하여 코로나 19 사태는 홍콩의 정체성, 나아가 '중국-홍콩 체제'를 재편하고 있는 중이다. 2020년 6월 국가보안법 발효 이후, 중국의 국가주의는 공직 선거 후보자의 자격을 심사하는 제도를 마련하는 데까지 숨가쁘게 내달렸다. 국가보안법 발효와 선거 연기는 코로나19 시국이 아니었다면 상상도 못했을 일이다. 본토 홍콩에는 코로나19 이전과 이후가 존재할 뿐이다. 코로나19가 없었다면 중국이라는 국가 권력이 홍콩이라는 지역성 앞에서 이 정도로 자신감을 보일 수 있었을까. 중국 정부가 총력을 기울인 홍콩의 '대륙화'와 홍콩인의 '다시 국민 만들기'는 초보적으로 완성되었다.

국가와 지역의 미래

중국 역대 왕조 중 가장 이상적인 체제로 평가받는 것은 당과 청 제국이지만, 뜻밖에도 전국시대와 위진남북조시대도 손꼽힌다. 제국 성립은 국가와 지역 간의 적당한 거리 두기, 즉 접경 두기가 관건이었다. 분리된 통합이 중요하기 때문이다. 코로나19 사태가 국가의 힘을 확인하고 강화하는 구실이 되었다면, 뜻밖에도 접경의 중요성을 증명한 예로 기록될 것이다. 중국이라는 국가 내에서 지역과 지역, 그리고 중국-홍콩의 봉쇄는 역설적으로 접경의 의미를 부각했다. 코로나19는 국가와 지역의 '적당한' 거리 두기를 요구했고 그것의 효과를 보여주었다. 코로나19는 통합에 의문을 제기했고 그 속도에 제동을 걸었다는 데서 의미가 크다.

역사적으로 제국은 국가와 지역 간의 적당한 거리 두기가 관건이었다. 자칫 잘못하면 국가의 유용성 내지 정당성을 증명한 것으로 간주될 수 있지만 세심하게 들여다보면 국가 내 지역의 봉쇄는 지역과 지역의 분리인 것이다. 지역 정체성의 존중이 궁극적인 해결책이 될 수밖에 없다. 코로나19는 통일통합의 의미를 다시 한 번 더 생각하게 만들었다. '중국-홍콩 체제'에서는 물론이고 홍콩 내에서도 지역 분리는 중요했다. 분리야말로 내 고향을 방어할 수 있는 가장 현명한 조처인 셈이다.

가라타니 고진은 국가주의를 통제하려면 국가에 대항할 수 있는 사회가 강해져야 한다는 화두를 던졌다. 그는 네덜란드도 영국도 미국도 국외 경쟁에서 헤게모니를 잡은 뒤에야 비로소 국내 사회 문제에 유연한 태도로 접근하기 시작했다고 한다. 중국도 확고한 G2로 올라설 때까지는 국내 문제에 유화적인 태도를 취하지 않을 것이다. 즉 시민 사회의 성장을 허락하지 않을 것이다. 홍콩 사회의 성장이 중국 사회와 긴밀하게 연결되어 있는 이유이다. 이 담론을 '중국-홍콩 체제'에 적용해 보면 의미구조는 분명해진다. 중화 인민 공화국에서 사회가 형성될 수 있다면, 홍콩 특별 행정구 사회의 성장도 기대할 만하다.

그림 8_ 국가보안법 시행 첫날인 2020년 7월 1일에 반대 시위에 나선 홍콩 시민들. "홍콩의 광복을 위한 우리 시대의 혁명"이라는 슬로건을 들고 있다. Voice of America 제공.

다시 정리하면 국가를 견제할 수 있는 사회는 국가의 건전성을 위해 매우 중요하다. 중국의 특별 행정구인 홍콩이라는 지역에서도 사회의 구성은 매우 중요하다. 중국이라는 국가와 사회가 긴밀하게 연결되어 있다면, 홍콩이라는 특수한 지역의 사회 또한 홍콩 특구와 긴밀하게 연결되어 있다. 하나의 체제로서 중화 인민 공화국과 홍콩 특별 행정구가 긴밀하게 연결되어 있듯이, 중화 인민 공화국의 사회와 홍콩 특별 행정구의 사회도 연결되어 있는 것이다.

가라타니는 자본, 네이션국민, 민족, 스테이트국가라는 삼위일체가 사회 구성체라고 말한다. 그는 신자유주의가 가져온 빈부 격차나 만성 불황 등의 부정적인 결과 때문에 오히려 국가가 존속될 수 있는 힘을 얻는다고 주장한다. 각박한 현실 속에 국민이 국가를 통한 문제 해결을 기대하기 때문이라는 것이다. 코로나19 사태가 세계 각국과 마찬가지로 중국이나 홍콩에서도 빈부 격차를 확대시켰다는 보고가 끊이지 않는다. 나는 홍콩 특별 행정구에 신자유주의는 물론 주권 반환이 이중으로 충격을 주었고, 게다가 코로나는 새로운 충격을 주었다고 생각한다. 가라타니의 지적대로 신자유주의가 계급 격차와 사회 불평등을 확대했고 어쩔 수 없이 그것의 해법을 국가에 위탁할 수밖에 없다면, 코로나19 사태의 해법도 마찬가지이다. 불행하게도 국가의 역할에 대한 기대가 지금처럼 높은 때도 드물다.

최근 중국의 청년층에게 한 설문조사에서, 중국이 서방 국가와 대등한 존재라고 느끼게 한 사례로 '중앙 정부의 성공적인 코로나19 대응'을 꼽는 비율이 가장 높게 나왔다. 향후 중국의 국가주의가 더욱 강화되리라고 쉽게 예상할 수 있는 지점이다. 국민을 위해 무언가를 한다는 이미지를 창출해야 하는 국가와 경제적으로 당장 눈앞의 문제 해결을 기대하는 국민은 서로를 필요로 한다. 국가가 쉽게 약화되거나 소멸될 수 없는 이유이다. 코로나19가 빈부 격차를 더욱 확대했고 서민 일상을 더욱 곤궁하게 했다는 점에서 국가에 대한 국민의 기대는 더욱 커졌다.

다시 '중국-홍콩 체제'로 좁힌다면 코로나19 상황 또는 코로나 대응 과정에서 자본-국민-국가의 연대가 강화되었다. 그 과정은 자본-국민-국가 체제의 견고함을 확인해 주면서 이들 삼자에 더욱 강한 자신감을 부여하는 계기가 되었다. 그 자신감은 중국과 홍콩이라는 각각의 시민 사회가 크게 축소되고 무력화되었음을 그리고 상호 관계 측면이 강조되는 '중국-홍콩 체제'에서 그나마 유지되어 온 균형이 무너지기 시작했음을 의미한다. 결론적으로 코로나19 상황은 '중국-홍콩 체제'에서 이미 블랙 홀이 된 자본-국민-국가라는 연대를 더욱 강화하는 동력이 되었고, 중국에서 시민 사회의 형성은 더 오랜 시간을 기다려야 할 것이다.

참고 문헌

가라타니 고진, 조영일 역, 『세계사의 구조』, 도서출판b, 2017.

류영하, 『방법으로서의 중국-홍콩체제』, 소명출판, 2020.

_____, 『중국 민족주의와 홍콩 본토주의(개정판)』, 산지니, 2020.

변이 바이러스보다 위험한 변이 민족주의

팬데믹 시대 일본 네오내셔널리즘

임경화

일본에는 매년 12월 1일 그해에 유행한 신조어나 유행어를 10개 선정하고 그중 가장 영향력이 있었던 용어에 상을 주는 '신어·유행어 대상'이 있다. 30년을 지속해 온 이 행사는 당대의 세태를 반영하는 지표로서 일본 국내는 물론 국외에서도 주목받고 있다. 2020년은 누구나 예측하듯이, '아베 노 마스크' '고투$^{Go\ To}$ 캠페인' '온라인~' 같은 코로나19 관련 용어로 톱10이 거의 채워졌다. 대상에는 '3밀$^{=密}$'이 선정되었다. '3밀'은 코로나19 감염 확산을 초래하는 '밀폐·밀집·밀접'을 나타내는 용어로 "3밀을 피하자" 등의 코로나19 확산 예방 구호로 지금도 널리 쓰이고 있다.

대상 선정에 관여한 한 선정위원은 "일본어는 복수의 단어를 정리하는 데 능해서, '3밀'이라고 하면 알기 쉽게 전달된다. 일본어의

위대한 점이라고 생각한다"고 설명했다. 글자와 글자를 연결해서
새로운 말을 지어내는 조어력이 강한 것은 한자어 일반의 특성이
며 일본어에만 해당하는 것은 아닐 터이다. 하지만 '3밀'을 둘러싼
새로운 국면은 이 '위대한 점'에 대한 확신을 굳히게 한 것 같다.

'3밀'과 '청결'한 일본어

'3밀'이란 용어는 일본 국경을 넘어
한국에도 수입되어 언론을 통해 퍼지
기 시작했다. 질병 관리 본부^{2020년 9월 '질}
병 관리청'으로 승격 등에서도 사회적 거리 두
기 캠페인에 '3밀'을 사용했다. 이에
대해 『산케이 신문』의 구로다 가쓰히
로 객원 논설위원은, 한국의 방역 대
책이 세계에서 높이 평가받고 모범

그림 9_ 식품의약품안전처가 코로나19 확산
방지를 위한 대응 지침으로 2020년 7월 1일
에 배포한 포스터(출처: 식약처)

이 되고 있다며 '코로나19 자랑'이 여전한 한국에서 드물게 일본
의 코로나19 대응을 참고한 사례가 '3밀'이라며 일본에 소개하기
도 했다. 당시 아베 신조 일본 총리는 기자회견에서 '3밀'은 'Three
Cs^{Closed Spaces, Crowded Places, Close Contact Settings}'로서 세계에 인식되기에

이르렀다고 자랑했다.

세계 보건 기구WHO도 '3Cs 회피'를 호소하는 메시지를 공개했다. 2020년부터 계속되는 코로나19 유행 사태와 관련해 일본 정부가 불투명하고 폐쇄적이고 시대를 따라가지 못하는 늑장 대처로 비판받아온 것과 대조적으로, 일본어는 '국위 선양'의 모범 사례로 인식되고 있음을 알 수 있다.

일본어와 관련해 또 하나 무시할 수 없는 일화가 있다. 일본은 코로나19 국면에서 철저한 검사나 추적, 격리 같은 적극적인 조처를 하지 않고도 방역에 처참히 실패한 유럽에 견줘, 감염 확산이 완만하고 사망률도 높지 않았다. 이를 두고 아베 정부는 '일본 모델'의 힘을 보여주었다고 자랑스러워했다.

정부 관계자들은 그 원인으로 1960~1980년대식 '일본인론'을 제시했다. 일본인의 "몸에 밴 공중위생 습관"이나 "일본인은 동조 압력이 강하기 때문"이라는 등이다. 일본인의 청결한 '국민성' 담론은 새로운 것은 아니지만, 특이한 것은 그 목록에 영어나 중국어에 비해 발음할 때 비말이 튀지 않는 '청결한' 일본어가 추가된 점이다. 이 가설은 한 감염병 전문가가 제기한 뒤 유행했다. 펜 하나를 앞에 두고 'This is a pen'과 'これはペンです고레와 펜데스'를 발음해 이 가설을 증명하는 실험 영상을 만들어 방영한 한 TV 프로그램이 화제가 되면서, 이에 대한 패러디 영상까지 다양하게 만들어져 세

계에 급속히 퍼지기도 했다. 그런데 대부분 영상은 유사 과학과 결합한 일본의 배타적 내셔널리즘을 조롱하는 것이었다.

하지만 구로다 객원 논설위원이 일본의 한 TV 프로그램에서 서울 이태원 발 집단 감염이 발생한 원인으로 비말이 많이 튀는 한국어와 '3밀'을 피하지 않는 한국인의 습관을 거론한 사례에는 웃어넘길 수만은 없는 심각함이 내재되어 있다. 2020년 코로나 19 유행 속에서 '일본어 내셔널리즘'의 모습이 일본어의 우수함에 더해 일본어의 청결함이라는 가치를 띠도록 변이되었을 때, 이것은 방역이라는 구실로 일본 내 언어 다양성을 억누르고 다른 언어를 차별하는 논리로 전용될 수 있기 때문이다. 특히 식민지 시대에 일본에서 발음상의 차이로 조선인을 식별해 학살을 자행한 간토 대지진 조선인 학살 사건을 아는 사람들이라면, 혹은 그 사람이 일본의 어딘가에 사는 한국인이라면 '조롱'으로 웃어넘길 수만은 없는 섬뜩함이 있다.

2021년 하반기에 변이 바이러스의 확산으로 확진자가 급증하면서 전 세계가 다시 공포에 휩싸였을 때, 세계적인 추세에 역행하여 신규 확진자가 급감한 일본에서는 그 배경으로 일본인 특유의 체질적 요인이 지목되기도 했다. 코로나19에 변이가 일어나듯이 변이된 일본인론도 확산되고 있는 형국이다.

다이아몬드 프린세스호와 도쿄 올림픽

감염 확산의 차이를 체질이나 언어 습관 등을 포함한 '국민성'으로 환원하는 이런 내셔널리즘은 팬데믹 국면에서 국경을 차단하여 외국인 입국을 막아 국민을 보호한다는 유사 '쇄국' 정책의 이데올로기로 이어지기 쉽다. 실제로 코로나19 유행 발생 직후부터 일본 정부는 '미즈기와水際' 대책이라는 국경 봉쇄 정책을 펼쳤다. 미즈기와 대책은 원래 해상으로 공격해 오는 적을 육지에 상륙하기 전에 물가미즈기와에서 섬멸한다는 의미의 군사 작전에서 유래한 용어로, 병원균의 국내 침입을 막기 위해 공항이나 항구에서 물샐틈없이 막는 방역 대책을 뜻한다. 아베 총리 자신이 이를 '쇄국 상태'라 명명하기도 했다. 이는 국내와 국외를 안전/위험, 청결/불결로 나누고, 국외로부터 위험하고 불결한 요소의 유입을 억제함으로써 국내를 안전하고 청결한 상태로 유지한다는 발상에서 나왔는데, 자국을 방역의 우위에 두면서 거국적 감염 방지를 위해 국민을 통합하고 동원할 수 있는 논리라고 할 수 있다.

이로 인해 큰 희생을 치른 것이, 바로 2020년 2월 요코하마항 해상에서 하선 허가를 받지 못하고 일본 정부의 늑장 대응 속에 장기간 격리된 채로 3,711명의 승선자 중 약 20%가 감염되고 13명의 사망자를 냈던 크루즈 유람선 다이아몬드 프린세스호의 비극이다. 일본 정부가 탑승자 전수 조사를 통한 격리 조처를 꺼리며 투명한 정보 공개를 하지 않아 혼란이 가중되는 사이 확진자가 기하급수로 늘었고 희생자도 나왔다. 그런데도 일본 정부는 이들을 되도록 하선시키려 하지 않았고, 확진자 수를 일본 통계에 포함하지 않음으로써 일본의 감염자 수를 축소하는 데 집착했다.

일본 정부가 해외의 비판을 감수하면서까지 이렇게 이해되지 않는 조처를 한 것은, 애초부터 2020년 도쿄 올림픽 개최를 앞두고 일본을 오염되지 않은 안전한 나라로 선전해 어떻게든 올림픽을 개최하기 위해서라는 추측이 지배적이었다. 그런데도 2020년 3월 24일에는 올림픽 1년 연기가 결정되었다. 이후에도 일본 정부는 코로나19 대응으로 미즈기와 대책을 고집하며 강화해 갔다. 이에 따라 한국, 중국을 포함한 140여 개국의 외국인 입국이 거부되었을 뿐만 아니라 영주권자나 유학생 등 장기 체류 비자를 얻어 일본에서 생활해 온 외국인에 대해서도 일단 출국하면 '특별한 사정'이 인정되지 않는 한 재입국이 허용되지 않는 조처가 2020년 8월까지 이어졌다.

미즈기와 대책, 자기 유폐의 역설

더욱이 이 '쇄국 상태'는 일본의 수출 규제로 악화된 한일 관계의 단절을 더욱 고착화했다. 일본은 2020년 3월 5일 한국인에 대한 무비자 입국 정책을 중단한 데 이어 4월 3일부터는 한국인 입국 전면 금지를 시행했다. 한국인 입국 금지는 이후 다소 완화되었다가 2021년 초 변종 바이러스 대책으로 다시 전면 재개되었다. 이런 상황은 해방기 한국과 일본의 결정적 '분리'라는 역사적 사건을 떠올리게 한다. 해방 직후 미 군정과 일본 정부는 식민지였던 한반도와 일본 사이에 설정된 경계선을 귀환한 조선인들이 '역류'해 콜레라가 유입되지 않도록 저지하는 방역 대책의 관리 공간으로 구축했다. 이 국경 관리는 콜레라가 진정된 뒤에도 풀리지 않은 채 기존 '내지'와 '외지'의 경계선을 한일 국경이라는 새로운 장벽으로 급속히 전환할 수 있었다.

미즈기와 대책이라는 '쇄국' 상태를 지속하며 외국인에 대한 빗장을 좀체 풀려 하지 않았던 일본은, 2021년 7월 도쿄 올림픽을 개최하며 국경을 열어 '개국' 상태를 연출했다. 고도 경제 성장 이래 자기 긍정의 도도한 흐름이 1990년대 들어 막다른 길에 봉착한 현실에서, 국민 통합의 원리로서 자리매김된 네오내셔널리즘^{신민족주의}과 그 신봉자들은 후쿠시마 원전 사고로 실추된 국제적 위신의 회복

그림 10_ 도쿄 올림픽 개회식에 참석한 내빈들. 2021년 7월 23일.(출처:Wikipedia)

과 부흥의 계기로 여겨졌던 올림픽을 개최하도록 일본을 몰고 갔다.

하지만 일본은 지금 그 후과를 치르고 있다. PCR유전자증폭 검사에 소극적이었던 일본도 올림픽 전후로 검사 건수가 10만을 넘기며 확진자가 급증하게 되었다. 국경만 강화하면 국내는 안전하고 청결하게 유지될 것이라는 내부로 향한 자국 우월의 시선이 어느새 일본을 고립된 '다이아몬드 프린세스호'로 만든 것은 아닐까. 하지만 글로벌화가 심화한 세계에서 일본 국내는 결코 '안전'하고 '청결'한 곳이 아니었다. 이후 확진자가 갑자기 급감한 현상에 대해서도 명확한 원인이 밝혀지지 않은 채, 일본 국내의 언론에서는 변이 일본인론이 유포되고 세계의 언론에서는 '미스터리'로 인식되는 모습은 내오내셔널리즘 시대 일본의 현주소라고 할 수 있다.

'위드 코로나' 시대에 배제되는 소수자

이에 비해 한국은 WHO의 권고대로 국경 폐쇄나 경제활동 중단, 주민 이동 통제 같은 극단적인 조처 없이 개방성·투명성·신속성 원칙 아래 대대적인 검사, 추적, 격리 등의 방역 조처를 해서 코로나19 유행을 통제하는 데 일단의 성공을 거두었다. 효과적 행정 지원 체계와 공동체적 시민 의식이 융합해 이를 뒷받침했다고 평가되기도 한다. 하지만 '민관 협력'이나 '공동체적 시민 의식' 속에 언어적·종족적 소수자는 자주 배제되었다.

국가 인권 위원회가 코로나19로 발생하는 인권 침해와 차별에 대한 이주민들의 체감 상황을 설문을 통해 파악해 2020년 11월 27일 공개한 '코로나19와 이주민 인권 상황 모니터링' 보고서에 따르면, 이주민 응답자의 60.3%가 코로나19와 관련된 '일상적 차별'을 겪은 적이 있다고 답했다. 더욱 심각한 것은 그들의 73.8%가 코로나19 관련한 '정부 정책과 제도에서 차별'당한 경험이 있다고 답한 점이다. 구체적인 경험으로는 '긴급 재난 지원금을 받을 수 없었음'30.8%, '이해할 수 있는 언어로 재난 문자를 받을 수 없었음'29.8%, '이해할 수 있는 언어로 코로나19 안내 및 상담을 받을 수 없었음'22.8% 등을 많이 호소했다. 코로나19 유행은 전 세계에 바이러스뿐만 아니라 분단과 차별, 혐오도 확산시켰다. 그런 가운데 세계 각지의 이주자들이 의료에서 배제되거나 소수 언어 사용자가 정보 부족으로 어려움을 겪거나 외국인 혐오 범죄에 노출되어 공격받고 있다. 이러한 현상은 '방역 모범국' 한국도 예외가 아니었던 것이다.

일본의 경우 2020년 시행된 1인당 10만 엔약 106만 원씩 '특별 정액 급부금' 지급은 외국인도 3개월 이상 체류 자격을 가지고 있으면 받을 수 있었다. 더욱이 외국인에게 정보를 제공해 제도를 활용할 수 있도록 정부나 지자체에서 다언어 정보 발신을 개시했다. 지자체에 따라서는 7개 국어로 설명서나 동영상 등을 만들어 외국인 참여를 독려하는 곳도 있었다. 이뿐만 아니라 '쉬운 일본어やさしい日本語' 쓰기도 확산되었다. '쉬운 일본어'는 1995년 한신 대지진 당시 고안된 것으로, 이후 일본어에 익숙하지 않은 외국인에게 재난시 필요한 정보를 쉽게 전달하기 위해 간단한 표현으로 바꾸는 작업이 진전되어 왔다.

이 축적은 코로나19 사태에서도 적극적으로 활용되었다. 이를 바탕으로 후생노동성은 2020년 9월 외국인을 대상으로 하여 감염 의심자에 대한 상담소나 검진 방법 등을 설명하는 누리집을 열었고 현재 쉬운 일본어, 영어, 중국어간체자·번체자, 한국·조선어, 스페인어, 포르투갈어, 인도네시아어, 베트남어, 타이어, 타갈로그어, 네팔의 11개 언어로 안내되고 있다. 그럼에도 정책적·제도적 차별은 여전하다. 코로나19 사태로 어려움에 처한 대학생들을 지원하기 위해 2020년 5월 마련된 '학생 지원 긴급 급부금'은 조선대학교도쿄소재에 다니는 재일조선인 대학생들을 지급 대상에서 제외했다. 조선학교 학생들만 마스크 지급 대상에서 제외한다든지, 일상과 제도에서의 소수자, 특히 재일조선인에 대한 차별은 여전하다.

언제 끝날지 알 수 없는 지구적인 '위드 코로나' 시대의 분단과 비대면 속에 한국이나 일본에서 변이되는 내셔널리즘의 모습이 어떤 궤적을 걸을지 알 수 없지만, 내부 타자들과의 공존 모색은 시급한 과제라고 할 수 있다. 부단한 접촉을 통해 영위되었던 우리 일상이 '비대면'으로 바뀌면서 대화의 기회가 줄고 문자 텍스트에 노출되는 기회가 늘어난 이 뉴노멀 시대에, 공존 공생을 향한 언어적 노력 또한 코로나19 이전 시대와는 달라야 할 것이다.

참고 문헌

권혁태, 『일본의 불안을 읽는다 ─ 일본 트라우마의 비밀을 푸는 사회심리 코드』, 교양
　　인, 2010.

서경식, 한승동 역, 『다시, 일본을 생각한다 ─ 퇴락한 반동기의 사상적 풍경』, 나무연
　　필, 2017.

庵功雄, 『やさしい日本語 ─ 多文化共生社会へ』, 岩波書店, 2016.

2부

내부와 외부의 경계, 다수와 소수의 만남들

보더 투어리즘Border Tourism, 경계에 선 삶들의 만남

전우형

팬데믹, 재설정된 일상의 경계

일상이 위협받는 팬데믹이다. 2019년 등을 먼 미래로 내다본 SF 영화 리들리 스콧의 〈블레이드 러너〉와 더불어 자랐고, 영화 속 미래와 그것이 도달한 현재를 비교하며 SF의 시간관에 관해 남의 일인 양 이야기하다가 전혀 예상하지 못한 현실에 맞닥뜨렸다. 텅빈 채로 산개되었거나 또는 모래로 뒤덮인 거리는 아니나, 거리를 가득 메웠던 일상은 빠르게 휘발중이고 일상의 경계가 집 안으로 다시 그어졌다. 학교와 회사는 물론 박물관과 극장 등도 집 안에 설치되었다. 디지털 장치들이 일상을 집 안으로 재배치하면서 집 바깥에서 사람들과 함께 음식을 먹고, 영화를 보거나, 전시회나 연주회, 공연을 가는 일 등은 희소해졌다. 혹시 그것이 가능하다 해도 2021년 3월의 한국을 기준으로 할 때 4인 이하, 오후 10시 이전으로 제한되었고, 그마저도 얼굴에 설치된 경계인 마스크로 인해 그들의 일상이 집 바깥에서는 항시적 예외 상태라는 사실이 환기된다.

그런데 집안에서의 일상이란 그간 적지 않은 학습 과정을 거쳤을 뿐만 아니라 그것을 수용하는 장치들의 놀라운 발전으로 인해 대체로 견딜 만한 것이기도 하다. 2020년 4월 카네기홀은 라이브 위드 카네기홀 프로젝트를 통해 무료 라이브 스트리밍을 제공하기 시작했으며, 5월의 어느 날 나는 카네기홀 프라이데이즈에서 송출한 웨스트 이스턴 디반 오케스트라West Eastern Divan Orchestra의 과거 연주 실황을 감상하기도 했다. 그런가 하면 아이들에게 한껏 이야기의 상상력을 선물하는 동화 작가 모 윌렘스Mo Willems의 그림과 이야기 교실에 네 살배기 아이와 함께 출석한 적도 있다. 이제 공연장에 가지 않고도 공연을 즐길 수 있으며, 아티스트들의 방한을 굳이 기다릴 필요도 없다. 지난 2020년 전 세계 곳곳에서 일어난 문화 변동이다. 문화 예술에서의 경계, 그리고 접근성의 문제가 사라진 것처럼 보이기도 한다. 팬데믹이라는 전 세계적 동시성은 이런 동시성의 프랙탈 구조를 품고 진화하고 있다.

정작 문제는 일상을 계기로 사람들을 만나고, 서로의 안부를 묻고, 그것을 치유라고 부르든 힐링이라고 부르든 삶의 회복과 복원을 위해 이야기를 나누는 시간이 희소해졌다는 점이다. 그런데 이 또한 오래전부터 디지털 장치들로 대체되어 낯설지 않게 되어 버렸다고 말할 수 있을까. 집에서 혼자 보내는 일상은 그렇다 쳐도 혼자인 삶은 여전히 위태롭다. 고독사, 가정 폭력 및 아동 학대, 생활고 비관 자살 등이 팬데믹과 더불어 더욱 곪아 버렸다는 사실을 기억할 필요가 있다. 그러니까 집 안으로 축소된 일상의 경계는 위험하다. 밖으로 나올 일이 없는 사이 밖으로 나올 수 없는 삶이 시작되고 있었다. 이불 밖만큼이나 이불 안도 위험하다. 그 이유를 우리 모두 각자의 삶이 어떤 경계에 근접해 있기 때문이라고 할 수 있을까. 경계에 선 사람들은 각자의 방에 유폐되어 호모 디지탈리스Homo Digitalis가 되는 대신 그 방 너머의 삶을 기록하고 상상해야 한다.

도둑맞은 삶들의 환대

다시, 일상의 경계가 집 안으로 재설정된 부정할 수 없는 현실에서부터 이야기를 시작해 보자. 집 안에서 대부분의 시간을 보내야 할 때 넷플릭스는 일종의 선물이었다. 넷플릭스 오리지널 〈옥자〉봉준호, 2017의 칸 영화제 초청을 계기로 플랫폼 논쟁을 벌였던 것이 불과 몇 년 전인데, 팬데믹이 닥치자마자 플랫폼의 명칭인 OTT[Over The Top]처럼 넷플릭스는 영화와 극장을 압도했다. 이 시간 동안 본 영화 몇 편이 떠오르는데, 그 중에 첫 영화가 〈모터사이클 다이어리〉[월터 살레스, 2004]이다. 국내에서는 원작이 된 체 게바라[Che Guevara]의 여행기 출간과 함께 동시에 개봉되면서 체 게바라 열풍을 일으키기도 했다. 그런데 이 여행기와 영화는 체 게바라가 되기 이전, 에르네스토 게바라[푸세]와 알베르토 그라나도의 라틴아메리카 횡단기이다. 둘은 금세 멈춘다 해도 이상할 것 없는 낡은 모터사이클 포데로사를 나눠 타고 9개월간 숱한 국경을 넘는다.

모터사이클을 탔다지만 걸어서 점차 국경을 넘는 일이 허다해지면서 영화에서 접경에 대한 기록은 꽤나 흥미롭게 이어진다. 대학 졸업을 앞둔 두 젊은이가 실감하는 월경의 쾌감이나 여행 경비에 대한 걱정은 국경을 넘는 행위가 반복될수록 접경에 대한 관찰과 기록으로 이동한다. 개발 때문에 주거지를 잃고 떠돌이 생활에 내몰린 선주민들, 문명을 도둑맞은 퇴락한 잉카 유적, 그리고 정치적인 이념 때문에 일자리를 잃은 사람들이 목숨을 걸고 찾는 추끼까마타 광산을 차례로 응시하면서 푸세는 경계에 관한 사유를 시작한다. 나병 환자들을 돌보기 위해 찾은 산빠블로에서 푸세는 피부로 전염되지 않지만 접촉이 꺼려지는 환자와 비환자들 사이의

약속인 장갑을 끼지 않고 손을 잡
는다. 그곳을 떠나기 전날 환송회
이자 생일파티 장면을 통해 영화
는 푸세의 일기 한 구절을 이렇게
옮긴다. 여행을 통해 한 가지 신념
이 생겼으며, 그것은 라틴아메리카
를 분리하고 있는 경계를 허물자
는 것.

푸세의 눈에 비친 접경은 분할
과 점령, 감시와 처벌, 배제와 차별

그림 11_ 영화 〈모터사이클 다이어리〉(2004) 포스터

등의 장치dispositif로 구축되어 온 세계의 최전선이었다. 접경은 단
순히 지리적으로 고립되고 경제적으로 소외된 공간일 뿐만 아니
라, 국가가 바라지 않는 사람의 출입국을 통제할 수 있는 국경이
상징하듯 주거, 이동, 노동 등 인간으로서의 기본 권리에 대한 국
가의 야만적 독점을 확인하게 해 주는 공간이다. 국경이 생기면
서 접경은 국가로부터 송두리째 도둑맞았다. 정상 국가를 위해 부
인된 삶들만이 그곳에 있었다. 그런데 이것이 꼭 접경에서만의 일
이겠는가. 도시 중산층 계급에서 자라 의사가 되려는 푸세가 보지
않았던 세계에 대한 환대의 감각이 접경으로부터 전이된다. 푸세
는 어느새 처음 당도한 접경에서 향수를 발견하고, 결국 그나마도

가 그토록 탐을 내는데도 여행의 대미를 위해 꽁꽁 숨겨 놓았던, 연인 치치나로부터 받은 돈을 광산에서 만난 부부에게 아무렇지 않게 건넨다.

이것을 경계에 선 사람들이 만나 빚는 환대의 공동체라고 부를 수 있을까. 푸세는 선천성 천식 환자이다. 그의 삶은 언제나 죽음과의 경계에 서 있다. 그러고 보니 이 영화 〈모터사이클 다이어리〉는 경계에 선 삶들의 표상으로 가득 채워져 있다. 광야로 사라질 마을, 국가의 야만에 약탈당한 문명, 죽을 것 같은 삶, 그리고 모터사이클 포데로사. 다행스러운 것은 이들이 계속해서 만난다는 점이다. 이 영화는 실화라지만, 각자의 경계에 선, 그리고 그 이유 때문에 도둑맞은 삶들이 만나 삶의 회복, 또는 복원을 이야기하는 환대의 공동체에 대한 상상이다. 산빠블로에서의 마지막 밤, 푸세가 나병 환자들이 머무는 섬으로 헤엄쳐 가는 장면을 기억해 둘 필요가 있다. 여기에서 카메라는 고군분투하는 푸세에만 초점을 맞추지 않는다. 카메라는 그를 응원하는 수많은 나병 환자들의 환대를 클로즈업하느라 분주하다.

국경 여행Border Tourism과 놀이의 정치학

〈모터사이클 다이어리〉에서 푸세와 그라나도가 한 여행은 일종의 국경 여행Border Tourism이다. 실제로 국경을 넘었고, 주로 접경에 머물렀다. 그런데 이것이 정말 국경 여행인 것은 그 효과에서 찾을 수 있다. 국경 여행은 이질적인 삶, 문화, 제도 사이의 만남이라는 점에서 타자의 경험을 통한 주체의 변화를 수반한다. 특히 이 과정에서 국경 여행은 여행에 내재하는 사적인 경험을 세계를 구성하는 메카니즘에 접속시킨다는 점에서 일종의 정치적 행위에 근접한다. 실제로 국경 여행은 1990년대의 시작과 더불어 국가 간 연대를 위한 탈냉전적 세계 지도 그리기로 증대되었다. 냉전의 지정학적 경계선으로서 국경의 폐쇄성에 균열을 일으키려는 의도가 충분했다. 그리고 최근의 국경 여행은 접경에서의 생태 운동 등 여전히 중앙의 반대 벡터로 유영중이다.

국경 여행은 전 세계 국경이 존재하는 모든 지역에서 가능하지만, 특히 냉전의 마지막 현장으로서 한반도처럼 국경 이동이 자유롭지 않은 지역에서는 더욱 절실하다. 남북 사이의 국경 여행이란 사실 국경을 넘지 못할뿐더러 접근 또한 상당히 제한적이다. 그간 우리의 국경 여행은 안보 교육을 위한 교보재였고, 백두산에 접근하기 위한 우회로였다. 최근에는 단둥丹東, 지안集安, 투먼圖們, 훈춘琿

훈 등 북중 접경에서의 국경 여행을 공식화할 가능성이 검토되었으나 이 지역의 부동산 시세 및 물가 상승만을 남기고 잠정 중단 중이다. 그런데 이런 시도들이 한반도의 접경을 남북만이 아니라 중국과 러시아 사이의 접경으로 시야를 확대하는 점은 고무적이나, 그럼에도 불구하고 남북 국경 여행은 DMZ를 경유할 필요가 있다. 캠프, 수용소, 초소와 철조망 등 냉전 경관만이 아니라 DMZ에 보존되어 있는 분단 이전 삶의 원형과 생태를 함께 관찰하고 기록함으로써 접경을 삶의 복원과 회복을 위한 평화 구축의 공공재Commons로 재인식할 필요가 있기 때문이다.

그러니까 우리가 국경을 넘어 북한을 경험하고, 또 역시 그 반대가 가능해지는 국경 여행도 중요하지만, 지금은 당장 접경에 양쪽의 사람들이 모일 수 있는 국경 여행이 더 긴요하다. 지난 2019년 6월 판문점에서 열린 제3차 북미 정상 회담은 흥미로운 장면 하나를 연출했다. 그것이 다 치밀한 계획에 의한 것이었는지 모를 일이나 판문점 인근에서 남북미 정상이 아무렇지도 않게 모여 있었던 것. 그것의 결과야 어떻든, 남북 사이의 평화 구축은 더 자주, 더 아무렇지도 않게 만나는 데에서부터 시작될 수 있다. 2021년 2학기, 한국에서는 최초로 '국경 연구 전공Global Border Studies'이 중앙대 국제대학원에 개설되었다. 그간 만났던 전 세계의 수많은 국경 연구자들과 이야기를 나누어보니, 첨예한 학문적·사회적 이슈임에도 불구하고 이 전공을 특화한 대학은 여전히 부족하다고 한다. 이 국경 연구 전공이 국경 협력과 평화 구축이라는 오래된 아젠다를 위해 '국경 여행 거버넌스Border Tourism Governance'를 결성해 보면 어떨까. BTS의 동시대성으로서 BTG를 상상해 본다, 감히.

그림 12_ 2019년 라엘 산 프라텔로 스튜디오의 기획으로 미국과 멕시코 국경을 관통하여 설치된 시소 벽. RAEL SAN FRATELLO 제공.

팬데믹으로 전면 봉쇄된 국경들 사이에서 얼마 전 「발만 헛디뎌도 2주 격리?! 코로나 시대 살벌한 장소 '톱4'」『매일경제』, 2020.10.23라는 제목으로 국경이 소개된 적 있다. 국경을 위험한 장소로 초점화하는 듯한 이 기사는 사실 국경이 먼 곳이 아니라 우리 가까이에 있음을 넌지시 알려준다. 2019년 사진 한 장이 전 세계 사람들의 시선을 사로잡았는데, 국경을 사이에 두고 설치된 핑크빛 시소였다. 잿빛의 국경지대, 거대한 철제 장벽을 가로질러 세워진 이 티터토터 월Teeter-Totter Walls은 미국의 건축가이자 UC버클리대 교수인 로날드 라엘Ronal Rael와 산호세 주립 대학의 버지나아 산 프라텔로Virginia San Fratello 교수의 설치예술이다. 미국 뉴멕시코 주의 선랜드 파크와 멕시코의 시우다드후아레스 사이의 국경은 이 시소를 통해 사진 맛집이 되었다. 국경 여행의 본의가 여기에 있지 않을까. 접경을 사람들이 무시로 모이고 놀 수 있는 공간으로 만드는 것. 그래서 이 시소는 두 지역 사이의 만남을 희원하는 메시지이면서 동시에, 접경은 늘 이편과 저편의 호혜적인 공간이었음을 상징적으로 보여준다.

존재하는 모든 것들의 공존

이 끔찍한 팬데믹의 선물이 혹시 있다면 우리의 삶 자체가 수많은 경계로 빚어졌다는 사실에 대한 뒤늦은 각성 정도가 아닐까. 경계는 국경처럼 저 멀리에 있는 것이 아니고 가까운 곳에도 있으며,

그 경계는 항상 명멸할뿐더러 유동하기까지 한다는 것. 평범한 일상을 보내기 위해 거리로 나설 때마다 피부의 일부가 되어버린 마스크로부터 배운 경계의 존재론이다. 그래서 우리는 스스로 경계에 선 자들이고, 우리의 삶은 경계를 만들고, 지우고, 이동시킨다. 그래서 일상의 경계를 집 안으로 다시 긋는 데 일조한 디지털 장치들이 정작 발신지의 장소성을 완벽하게 대체할 수 있을까. 이러한 장치들 덕분에 사람들은 문화 예술 감상의 주체적 위치를 경험할 수도 있겠으나, 거꾸로 생각해 보면 이렇게 사적으로 축소된 감상의 세계에서 주체적 위치란 불가능한 것일는지 모른다.

아울러 코로나19로 인한 사상 초유의 국경 폐쇄는 우리가 얼마나 많은 경계들에 밀착해 있었는가를 여실히 보여주고 있다. 국경 폐쇄는 국가 사이의 경계 너머 유동하는 경계들, 예를 들어 문화와 문명, 인종, 젠더, 종교, 계급 등에 내재하는 경계들을 쉴 새 없이 드러내고 있다. 접경은 이렇게 국경과 우리 일상 속 경계 등 보이지 않는 것들을 가시화하면서 동시에 그 경계들의 변화와 균열을 추적하는 다중적 스케일multi-scale의 방법론일 가능성이 있다. 접경을 미디어로, 그리고 사건이자 운동으로 접근하는 시야는 접경을 특정 장소에 국한하지 않고, 경계에 대한 기록과 기억으로부터 시작해 경계에 관한 재인식과 재구성 등 유동적인 것으로 포착하게 한다.

앞서 언급했던 웨스트 이스턴 디반 오케스트라는 중동 출신의 청년 음악가들로 구성되어 있다. 1999년 이스라엘계 지휘자 다니엘 바렌보임Daniel Barenboim과 팔레스타인계 학자 에드워드 사이드Edward Said에 의해 창단되어 팔레스타인과 이스라엘 간의 화해, 그리고 그 너머 세계의 평화 구축을 위한 연주 여행을 다닌다. 이들의 여행이 다시 시작되어야 하는 것처럼, 우리의 여행도, 그리고 국경 여행도 다시 시작해야 한다. 기억에 남는 두 번째 영화로 이야기를 할 때다. 〈트라이얼 오브 더 시카고 7〉애런 소킨, 2020. 1968년 8월 미국 시카고에서 베트남전 종전을 거부한 의원을 대선 후보로 추천하기 위한 민주당 전당 대회가 열리고, 각 지역의 청년 운동가들이 이에 분노하여 항의 집회를 위해 모였던 실화를 각색한 영화이다. 결국, 청년 운동가들이 내란죄로 기소되고 재판을 받는 과정에서 시종일관 살 궁리만 하던 민주 사회 학생회 톰 헤이든은 그 덕분에 재판장으로부터 최후 변론자로 지목된다. "내 눈을 바라봐!" 하고 구원의 막장에 선 재판장 앞에서 그는, 동료 앨릭스 샤프가 재판 내내 기록한 베트남전 전사자 4,752명의 이름을 낭독하기 시작한다. 정의의 경계에서 애도하는 경계에 선 죽음들.

접경은 물론 지역, 민족, 국가 사이의 갈등과 충돌의 현장이었고 여전히 그 연장선에 있음은 분명하나, 그렇기 때문에 거꾸로 화해와 공존의 영도零度, Zero Point일 가능성 또한 더불어 상존한다. 접경은 국경 이전의 역사와 문화는 물론, 생태와 일상의 아카이브이자 국경 이후 위기의 최전선에서 삶을 지켜온 공동체이다. 국경 여행은 이 영화의 엔딩처럼 경계에 선 삶들의 만남이자 그 상태로부터 해방되기 위한 실천이다. 경계에 선 사람들이 그들에게 결코 낯설지 않은 삶들을 기록하고 기억하는, 그래서 그것을 공공의 역사로 만들기 위한 여행이기도 하다. 결국 이 여행은 다자적이고 다중적인 국경 경관을 발견하는 것, 화해와 공존의 가치들을 환류시킬 다양한 가치 연쇄value chain를 창출하는 사회적 실천과 긴밀하게 연동되어 있다. 그리고 이것은 존재하는 모든 것들의 공존을 위한, 아무도 뒤에 두지 않는Leaving No One Behind 세계를 위한 작은 시작이다.

참고 문헌

박배균, 「한국학 연구에서 사회 – 공간론적 관점의 필요성에 대한 소고」, 『대한지리학회지』 41(1), 대한지리학회, 2012.

이동민 · 최재영, 「다중스케일적 접근의 지리교육적 의의와 가능성 – 초등사회과 세계지리 영역에서의 지역 인식 문제를 중심으로」, 『한국지리환경교육학회지』 23(2), 한국지리환경교육학회, 2015.

Neil Brenner, "The limits to scale? Methodological Reflections on Scalar Structuration", *Progress in Human Geography* 25, no. 4, SAGE Publication, 2001.

가까움과 친밀함의 차이,
혹은 접촉 지대에 산다는 것

한주희|Ju Hui Judy Han

접촉 지대, 투쟁하는 연결 공간

코로나19의 참상이 아직 완전히 파악되지는 않았지만, 적어도 한 가지 확실한 것은 이 팬데믹이 오랫동안 존재해온 불공정과 불평등을 드러냈다는 사실이다. 로스앤젤레스와 미국 전역에서 전에는 상상도 못 했던 규모의 인명 피해와 손실과 슬픔을 목도하고 있다. 저임금 서비스 노동자와 유색 인종들이 가장 큰 타격을 입었고, 특히 세입자들의 심각한 주거 불안과 높은 실업률을 포함한 재정 위기가 초래되고 있다. 미국의 지형은 애초에 원주민에 대한 정착민의 식민지적 강탈로 시작되어 체계적인 반흑인 인종주의적 자본주의와 이민자와 난민들을 상대로 벌어지는 비인간화와 폭력에 의해 형성되었으므로, 한편으로는 팬데믹의 여파가 낯설지 않다. 특히 라틴계 이민자와 난민들은 심한 타격을 입은 산업에서 과잉 대표되어, 코로나19에 걸릴 가능성이 백인보다 거의 두 배이며 코로나 19로 사망할 가능성은 거의 세 배 더 높다고 보도된 바 있다. 그리고 아동 양육과 재생산 노동을 주로 책임지는 여성들이 심한 고통을 호소한다. 같은 재난을 경험하고 고통받아도 그 방식은 끈덕지게 비균질적이다.

2021년 3월 16일 미국 조지아주 애틀랜타시에서 아시아계 마사지 스파 업소 종사자들을 표적으로 한 총격 사건이 발생했다. 희생자들의 대다수가 중국계와 한국계 이민 여성 노동자였었다는 사실은 팬데믹 동안 계속 증가되었던 아시아계 미국인들에 대한 혐오, 폭력, 그리고 높은 증오 범죄율과 무관하지 않다. 또한 조지아주가 오랫동안 백인 우월주의와 비백인 유권자에 대한 투표 참여를 억압해온 핵심적 현장인 동시 근래에 와서 더욱 활발해진 이민자 중심 사회 운동과 치열한 인종 횡단적인 정치 조직화가 벌어지고 있는 중요한 변화의 현장이라는 것도 우연이 아니다. 팬데믹은 이렇게 기존의 젠더, 인종, 이민 신분, 계급 간의 상호 교차적 취약함과 불평등 그리고 이를 변화시키려는 열망을 증폭시키고 있다.

접경의 시공간을 주제로 구성된 본서는 '접촉 지대^{contact zones}'라는 용어를 중심으로 전개되고 있다. 이 용어는 1991년에 문학 연구자 메리 루이스 프랫Mary Louise Pratt에 의해 처음 조어되었고, 1992년에 나온 그녀의 책『제국의 시선Imperial Eyes : Travel Writing and Transculturation』에 자세히 설명되어 있다. 프랫의 책과 페미니즘 문화 연구의 관련 저서들에서 접촉 지대는 단순히 제국의 눈에 비친 '식민지의 접경'이거나 국가 사이의 지역, 물리적으로 인접한 경계 지역에만 국한되지 않는다. 불평등한 권력관계가 넘쳐흐르고 치열하게 경합하는 문화 충돌의 공간을 말하기 때문이다. 프랫은 광범위하게 접촉 지대를 "지리적, 역사적으로 나뉜 사람들이 서로 접촉하고 지속적인 관계를 확립하는 공간으로, 대개 강요, 극도의 불평등, 꼬여 버린 갈등의 조건들을 포함한다"고 정의한다. 즉, 투쟁을 동반하는 상호 작용 및 연결의 공간을 의미한다. 그렇다면, 학교나 일터, 시민 단체 등 문화 정치적 공간을 접촉 지대로 볼 수 있고, 애틀랜타의 마사지 스파, 로스앤젤레스의 코리아타운과 같은 이민자 주거지enclave도 접촉 지대로 분석할 수 있다. 조어된 지 30년이 흘렀지만 팬데믹의 맥락에서도 이동과 갈등, 충돌의 시공간을 이해하는 데 이 개념은 유용하다.

불평등한 이동과 위험한 가까움

팬데믹 동안, 움직일 필요 없이 집에 머물며 대중과의 접촉을 피하는 안전을 누린 것은 부유층과 권력층이었다. 부자들은 그저 가만히 있는 것만으로도 더 부자가 되었다. 미국에서 가장 부유한 가구의 10%는 2020년 동안 주식 수익률이 18% 증가하여 혜택을 받았고, 아마존과 마이크로소프트의 대표를 포함한 세계 10대 갑부들은 2020년에 모두 5,400억 달러의 재산이 증가하였다. 다른 사람들과 접촉을 하지 않아도 되는 사람들에게 거리 두기 방침은 시련이 되지 않았다. 안전하고 편리하게 재택 근무를 할 수 있거나 아예 일을 하지 않아도 된다는 것은, 바이러스가 창궐하는 세상과 마주하며 감염의 위험을 감수하면서 마스크를 쓰고 밖에 나갈 수밖에 없는 사람들에게 결코 허용되지 않는 사치였다.

반면, '봉쇄lockdown'와 '자택 대기' 명령이 내리자, 감금시설 '내부'에 있는 사람들과 강제로 수감된 사람들은 구금과 부동으로 인하여 더욱 취약한 환경에 놓이게 되었다. 팬데믹 초기부터 병원과 노인 또는 장애인 장기 요양 시설들이 제일 위험했고 미국 감옥과 교도소에서는 850여 곳에서 집단 감염이 발생했으며, 일반인에 비해 감염률이 3배 이상 높고 사망률은 두 배나 되었다. 이동과 부동, 가까움과 거리 두기를 둘러싼 공간의 질과 정치적 맥락이 무엇보다 중요하다는 것이 확실해졌다.

가까움과 관련된 위험이 너무 높아 의료 종사자들은 마치 전쟁터에 투입된 것처럼 '최전선의 근무자' 또는 '필수 인력'으로 불리기 시작했다. 간호사와 의사, 병원 직원과 구급대원은 마치 전쟁터에서 부상자들을 치료하는 군의관이나 의무병들처럼 치명적인 전염병에 맞서 싸우고 있는 것으로 여겨진 것이다. 2020년 팬데믹 초기에, 우한과 뉴욕 그리고 유럽 곳곳에서 저녁 8시에 감사와 연대를 표현하기 위해 창문을 열거나 잠시동안 밖으로 나와 솥이나 냄비를 두드려 소리를 내는 운동이 있었다. '#ClapBecauseWeCare'라는 해시태그로 전개되어 슈퍼마켓 직원, 배달 노동자에게 응원을 보내기도 했다. 내가 사는 로스앤젤레스 동네에서도 밖으로 나가 잠시 이웃과 함께 일제히 함성을 질렀던 적이 있다. 2020년 12월과 2021년 1월 사이에 감염이 급증하면서 LA 카운티에서 확진자 수가 하루 1만 건을 넘어섰던 시기, 매일 코로나19로 사망하는 사람들의 수는 100명 이상이었다. 이 충격적인 숫자들은 비감염인에게는 가깝게 느껴지지 않았을 수 있다. 하지만 다만 한순간이라도 먼 곳에서도 들려오는 이웃들의 외침을 든

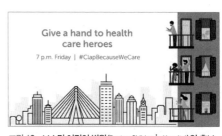

그림 13_ 보스턴 어린이 병원(Boston Children's Hospital)의 홍보 포스터

고 함께 소리를 내며 집단적인 상실감과 심적 고통을 공유하고 일종의 친밀감을 느끼려 하는 노력이었다.

이와는 대조적으로, 집이 없어서 로스앤젤레스의 거리에 사는 사람들은 '이웃'이라는 경계 안에 들지 못하고 비참한 접촉 지대의 '핫스폿'을 이루고 있다. 로스앤젤레스 시에서는 2020년에 거의 41,290명의 사람들이 홈리스네스homelessness, 즉 노숙을 경험했다는 통계 조사가 발표되었는데, 이는 2019년 대비 14%, 2015년에 비교하면 61%나 증가한 수치이다. 높은 임대료와 저렴한 주택의 부족에 더해, 기록적으로 높은 실업률(2020년 로스앤젤레스 카운티 실업률은 몇 개월 동안 20% 이상 올랐다)까지 가세하면, 홈리스 문제는 당장 개선될 것 같지 않다. 아직 알지 못하는 2020년과 2021년의 수치는 더 심각할 것으로 보인다.

사람들은 종종 홈리스들이 범죄를 저지르고 공공의 안전을 위협한다고 비난하지만, 범죄에 가장 취약한 것은 바로 홈리스 당사자들이다. 공중 보건의 측면에서 다른 어느 계층보다도 더 취약하며, 코로나19에 감염될 경우 훨씬 높은 사망률에 직면한다. 집이 없으니 길거리를 떠나면 갈 곳이 없는 데다, 공권력과 철거, 강제 이동에 끊임없이 취약한 상태로 남아 있다. 2021년 3월 27일 로스앤젤레스 시는 에코 파크 인근에 대규모로 펼쳐진 텐트촌을 강압적으로 철거했는데, 이 과정에서 그 주민들을 쫓아냈고 이에 반대하는 182명을 체포했다. 시장은 너무나 진지한 어투로 이번 강제 철거를 "시 역사상 가장 큰 규모의 텐트촌 이전"이라고 자축하며, 이를 성공 모델로 선전하며 다른 지역에서도 홈리스를 밀어낼 가능성을 시사했다. 뉴욕이나 샌디에이고, 샌프란시스코와 같은 도시들은 홈리스들에게 소액의 인센티브를 주며 다른 곳으로 사라지도록 장려하는 것으로 알려져 있다.

로스앤젤레스 지역의 대학생들 또한 주거 불안, 굶주림, 그리고 다양한 종류의 어려움을 겪고 있는 것이 보고되고 있다. 학생들을 위한 무료 식료품 창고 시설을 미국 곳곳 캠퍼스에서 볼 수 있는데 UCLA도 예외가 아니다. 대학생이라면 공부가 주업이고 전문직에 대한 야망을 가진 부유한 학생들이라는 고정 관념으로 상상될지 모르지만, 많은 학생들은 불안정 노동, 만성적인 굶주림과 극심한 주거 불안, 심지어 노숙에 직면해 있는 것이 현실이다. 팬데믹 이전에도 학교 근처에 주차된 차에서 잠을 자며 아침에 샤워를 하기 위해 캠퍼스 체육관이나 기숙사를 이용했던 학생들이 있었다는 것을 알고 있다. 한 학생은 2018년에 로스앤젤레스를 횡단하는 24시간 버스 안에서 밤에 피난처를 찾았다고 말해 준 적이 있다. 720번 버스는 동쪽에서 운행을 개시하여 시내에서 코리아타운, 베벌리힐스, UCLA를 지나 서쪽의 산타모니카와 태평양 연안에 도착하는데, 적어도 이 버스를 타는 동안은 춥지 않고 학교와 친구들 그리고 지역 사회 가까이에 있을 수 있어서 다행이라고 했다. 캠퍼스가 폐쇄되어 대면 수업을 들을 수 없게 되었을 때, 살 곳이 마땅치 않았던 학생들은 그나마 생명줄이었던 시설들과 지원 네트워크에조차 접근할 수 없게 되었다. 또한 팬데믹 동안 자취 생활이나 학교 기숙사 생활을 떠나 가족과 다시 살게 된 학생들은 가정 폭력에 노출되거나 자신의 성 소수자 정체성을 받아들이지 않는 가족과 다시 살아야 하는 것이 매우 힘들고 우울하다고 털어놓았다.

접촉 지대로서의 코리아타운

위에서 언급한 로스앤젤레스 720번 버스의 정류장 중 하나는 코리아타운의 중심에 있는 북적거리는 교차로인 윌셔와 버몬트 모퉁이에 있다. 거기에는 지하철역도 있는데, 아직 공사중인 지하철 노선의 총 8개 정류장 중 하나이다. 2018년 5월, 도시 전역 캠페인의 일환으로 이 교차로 인근에 위치한 공터에 홈리스들을 위한 임시 주택이 지어질 것이라는 뉴스가 전해졌다. 이는 캘리포니아주 유권자들이 2016년 주택 위기 해결을 위해 2억 7,500만 달러를 제공하기로 한 '노숙 감축과 예방, 주택 및 시설 채권[HHH]' 조치에 찬성표를 던진 결과였고, 65개의 침상을 갖출 이 시설은 작지만 중요하고 절실히 필요한 비상 주택이라는 내용이었다. 코리아타운의 쉼터는 도시 전역에 지어질 적어도 15개의 홈리스 쉼터 중 첫 번째가 될 예정이었다.

그러나 코리아타운에 홈리스를 위한 임시 주택을 마련한다는 소식은 반대 소동과 대규모 항의 시위를 촉발했다. 코리아타운 사업주들과 소위 지역 사회 지도자들은 예고 없이 알려진 결정에 크게 놀랐다고 주장했고, 재빨리 이 쉼터 공사에 반대하는 세력을 동원했다. 그들은 이 시설을 코리아타운 한복판에 두기로 결정하기 전에 로스앤젤레스 시정부가 한국계 미국인들과 충분히 상의하지 않았다고 비난했다. 쉼터를 반대하는 목소리들은 로스앤젤레스시가 한국계 미국인들을 무례하게 대한다고 주장했고, 홈리스를 위한 임시 주택을 상가와 학교에 너무 가까운 거리에 지어 어린 학생들이 등하굣길에 쉼터를 지나치게 해서는 안 된다고 주장했다. 한인 사회의 유명 부동산 중개업소 하나는 수천 개의 포스터와 현수막, 이에 걸맞은 데모 유니폼의 비용을 지불했고, 이민자 한인 커뮤니티 뉴스는 마치 코리아타운이 외부의 위해로부터 보호되어야 하는 영토인 것처럼 쉼터에 반대하고 나섰다. 홈리스 비상 쉼터에 대한 지지와 연민과 주거 정의를 위한 외침은 상대적으로 소수였다.

시의 정책이 전적으로 옳았고 쉼터 건축에 반대하는 한국계 미국인들은 온당치 못한 님비의 전형이라 비난하는 것은 지나친 단순화일 것이다. 그러나 쉼터 반대 운동이 주택과 홈리스의 심각한 위기 속에서 일어났고, 주로 사업자들과 부동산 이해관계자들이 한국어 매체를 통해 쉼터 건설이 범죄를 부추기고 부동산 가격에 악영향을 미칠 것이라는 이유로 한인 사회의 공포와 분노를 동원했다는 점은 중요한 사실이다.

그림 14_ 로스앤젤레스 코리아타운 홈리스 주거 공간 찬성 데모. KTown for All 제공.

한국에서 촛불 시위가 일어나고 문재인 대통령이 선출된 지 1년 후인 2018년 5월의 일이었다. 어느 날 나는 코리아타운의 한 카페 벽에서 밝은 노란색 포스터가 붙어 있는 것을 보았다. 큰 글씨로 "가만히 있지 않겠습니다"라고 쓰여 있어서 처음에는 세월호 관련 포스터인 줄 알았다. 그런데 자세히 보니 쉼터 반대 그룹이 제작한 '공청회 없는 쉼터 건설 반대'라는 포스터였다. 세월호 침몰 사고 희생자를 추모하고 진상 규명과 책임자 처벌을 촉구하는 구호가 홈리스 지원 사업을 반대하는 취지로 이용된 것이다. 시 당국은 결국 양보하고 코리아타운의 경계를 넘어 동쪽으로 반 마일 떨어진 곳으로 쉼터의 위치를 옮겼다.

백신 접종이 시작되고 코리아타운을 포함한 로스앤젤레스의 업소들이 영업을 재개하는 지금, 나는 엄청난 불평등의 장소가 된 이 접촉 지대의 비균질적이고 중첩되는 역사와 지리를 다시 생각하지 않을 수 없다. 코리아타운 식당 주방에서 일하고 한인 슈퍼에서 제품들을 정리하며 복잡한 주차장에서 능숙하게 고객들의 차를 주차하고 안내하는, 주로 멕시코와 중미 출신 저임금 라틴계 노동자들, 이 팬데믹 속에서 어떻게 지내시는지? 이 거리에 사는 남녀노소의 홈리스 이웃들, 쉼터 계획을 반대했던 가게 주인들과 사장들, 모두들 생존을 위해 고투를 벌이며 어떻게 버티고 있는지?

팬데믹 동안 많은 지역 사회 활동가들과 구성원들이 상부상조 네트워크^{mutual aid network}를 조직했다. 정부의 원조 지원이나 자선 단체에 의존하지 않고 보다 수평적이고 사회 변화를 목적으로 하는 관계를 만들어 도움이 필요한 동지들과 이웃들을 위하여 직접 앞장서자는 의도에 가속도가 붙은 것이다. 상부상조 네트워크는 재정적, 물질적 자원을 공유하여 커뮤니티에서 가장 취약한 이들을 먼저 돕자는 행동이다. 무등록 이민자들을 보호할 수 있는 긴급 대응 네트워크가 가동 중에 있어, 이민 세관 단속청^{ICE} 요원들로 보이는 이들이 나타나면 지역 사회 연결망에 알려 신분이 불안한 이웃들은 집에서 머물며 단속을 피하여 체포와 구금, 추방을 막으려는 조치이다. 만약 이웃이 현장 급습을 당할 위기에 처할 경우에는 시민권자들이 직접 개입하여 국가 폭력을 막기도 한다. 팬데믹으로 인하여 격리되고 고립되며 여러 불평등이 악화되었다 해도 이런 식의 연대와 급진적 친밀성의 관계들이 생겨나기도 한다는 사실에 안도감을 느끼기도 한다.

거리에서 생활하는 홈리스와 그에 대해 적대적인 이웃들처럼 실제로 가까워도 친밀하지 않은 충돌 관계들도 있는 한편, 물리적 거리는 있어도 서로 접촉하며 절실히 필요로 하고 상호 밀접한 관계를 형성하기도 한다. 다시 안전하게 모여 상실한 모든 것들을 헤아려보게 될 때, 우리는 과연 무엇을 재건하는 선택을 할 것인가?

참고문헌

메리 루이스 프랫, 김남혁 역, 『제국의 시선 ─ 여행기와 문화횡단』, 현실문화, 2015.

Dean Spade, *Mutual Aid : Building Solidarity During This Crisis (and the Next)*, Verso
    Books, 2020.

Josie Huang, "Protesters Killed A Plan For A Koreatown Homeless Shelter. But That's Just
    The Beginning Of The Story", LAist, August 1, 2019.

옛 동·서독 접경과 DMZ 생태계

국경의 그늘, 야생 생물의 피난처

베른하르트 젤리거 Bernhard Seliger

옛 동·서독 접경 지역의 도마뱀과 한국 비무장지대DMZ의 두루미는 어떤 공통점이 있을까. 동독군 병사들이 일단 울타리와 장애물로 이루어진 경계를 넘은 망명자들을 향해 총을 쏘는 이른바 '죽음의 지대'가 있던 건초지를 지나갈 때, 도마뱀은 목초지 끝자락에 이르러 적당한 서식처가 없는 커다란 농경지를 마주하게 된다. 두루미는 DMZ의 안전한 보금자리를 떠나 추운 겨울 아침 남쪽 논으로 먹이를 찾아 남하하면 논 대신 새로운 펜션, 비닐하우스와 도로, 인삼밭과 소규모 기업형 농업 지대는 찾을 수 있어도 먹이는 점점 더 찾기 힘들 것이다. 독일의 옛 접경 지역과 한국 DMZ 모두, 접경 지역과 인접 서식지의 연결이 접경 지역 자체의 생태적 가치를 결정하는 데 중요하다는 얘기이다. 이것은 종종 간과되는 교훈이다.

한국에서는 분단과 뒤이은 전쟁으로 DMZ가 생겼고, 1945년 독일 분단은 전국에 철의 장막을 만들었다. 독일 국경은 한반도 국경만큼 뚫을 수 없는 것은 아니었지만, 특히 동독에서의 망명에 대한 두려움 때문에 분단 기간 내내 경계 태세가 깔려 있었다. 동독 지역에서는 오래된 운송 노선이 붕괴했고, 노동자와 기업은 이 지역을 떠나 더 부유한 경제 중심지를 향해 서쪽으로 이주했다. 동부 지역에서는 대부분의 주민이 강제로 쫓겨났고, 복잡한 국경 방어 체계에 따라 사람들은 국경에 도달할 수 없었다. 물론 그 방어 체계는 '자본주의 침략자'로 보이는 사람들을 막기 위해 서쪽으로 향해 있지 않았다. 대신 동독인의 서방 망명을 막기 위해 동쪽을 향해 있었다.

죽음의 땅에서 생명의 땅으로

거기에는 망명자가 총에 맞을 수 있는 '죽음의 지대'가 있어 정기적으로 관리된다. 최후의 치명적인 이 구간은 건초지로 약 100m 길이의 작은 지대를 형성하고 있었다. 생태학적으로 이곳은 특정종의 조류, 양서류, 파충류에게 점점 더 희귀한 서식지가 되었다.

1970년대와 80년대에 서독의 환경 운동이 활발해지자 곧바로 사람들의 관심은 비교적 풍부한 동식물이 서식하는 이 배후 지대에 집중되었다. 1976년 이후 독일 접경 지대를 따라 조류 지도가 만들어졌다. 1981년 환경 보호론자들이 동식물 서식지로 보존하기 위해 그린벨트 인근 지대를 처음 사들였다. 이는 인간 활동의 제한에 힘입어 양쪽 접경이 자연의 피난처로 발전했다는 중요한 사실을 알려준다. 정확히 말하면 나중에 그린벨트라고 부르게 되었지만 그 전에는 동독 국경을 따라 이어지는 작은 지역에 지나지 않았다.

그러나 자연의 관점에서 바라본 국경 지역이라는 중요한 이슈에 대한 관심은 환경론자들 사이에서 이미 커지고 있었다. 강과 개울에서 헤엄치는 유라시아 수달을 발견했고, 희귀한 먹황새가 둥지를 틀었고, 흰눈썹울새와 때까치 같은 작은 새가 많이 살았다. 파충류, 양서류, 곤충, 수많은 희귀 식물도 번성했다. 자연 다큐멘터리 영화 제작자 하인츠 질만Heinz Sielmann이 1988년 〈국경의 그늘 속 동물들〉을 찍기 위해 국경선을 따라 여행하면서 더 많은 사람에게 알려졌다.

1989년 고안한 '그린벨트'

1989년 가을부터 동독 사람들이 평화 혁명을 전개하고 1989년 11월 9일 베를린 장벽이 무너졌을 때 환경 운동가들은 행동할 준비가 되어 있었다. 정확히 한 달 뒤인 1989년 12월 9일, 독일 환경 단체 분트BUND는 동독과 서독에서 온 자연 보호 활동가 400여 명의 첫 회의를 조직했다. 이 회의에서 '그린벨트'라는 이름이 고안되었고, 모든 참가자는 독일 전역에서 그린벨트의 독특한 서식지를 보호하기 위한 첫 번째 결의안에 동의했다. 그렇게 그린벨트 프로젝트가 탄생했다. 시작과 동시에 그린벨트는 독일 최초로 전국적 규모의 자연보호 프로젝트가 되었을 뿐만 아니라 독일 현대사의 살아 있는 기념물이 되었다.

독일 통일 이후 산업계의 이해관계가 얽힌 강력한 로비가 마련되지 않은 상태에서 대규모 환경 사업을 지정하는 아주 작은 기회의 창구가 있었다. 따라서 그린벨트 같은 큰 규모의 환경 사업에 유리한 상황이 존재했다. 또한 동서를 다시 연결하기 위해 새로운 도로 사업이 많이 제안되는 등 다른 경제적 요구가 압박받는 상황에서 빠르게 행동하는 것이 절실했다. 그중 하나는 뮌헨과 슈투트가르트 같은 남부의 경제 중심지를 동독 수도 베를린과 연결하는 프로젝트인데, 현재의 그린벨트를 관통하는 도로를 만들 것을 제안했다. 그 이유는 설득력이 있었다. 동독에선 사적 토지 소유권이 없었기에 새로운 도로를 계획하기가 쉬웠다. 하지만 다행히 환경적 이유가 우세했다. 그린벨트는 특별 지정된 구역의 일부로 독일 연방에 만들어졌다. 그중 일부는 가장 강력히 보호하는 방식의 자연 보호 구역, 경관 보호 구역 또는 문화 유산, 그리고 더 뒤에는 생물권 보호 구역, 자연 공원이나 하르츠 산지 같은 국립 공원으로 지정되었다. 지난 30년 동안 이 지역의 보호 상태가 강화되었다. 지금은 대부분이 국가 지정 천연기념물이다.

그러나 이후의 자연 연구에서 알 수 있듯이, 그린벨트 자체는 효과를 나타내기에는 너무 작았다. 주변의 모든 사유지가 보호되는 것은 아니었다. 농부들은 이 땅에서 농사를 지으며 돈 벌기를 원했다. 그래서 그린벨트의 가치를 높이는 데 활용되는 다양한 정책에서 그린벨트와 인접한 서독 지역에서의 계약 농업이 중요해졌다. 바이에른과 헤센의 주 정부에선 수익성이 낮지만 생태적으로 더 적합한 방식으로 농사 지을 수 있게 농부들에게 보조금을 주었다. 예를 들어 양을 키우면서 건초지를 유지하거나, 삼림 지대의 생태계 변화를 방지하거나, 들판에 광범위하게 쓰이는 살충제를 덜 사용하는 것이다. 그린벨트 보존은 개별 토지 소유자의 과제가 아니라 국가적 과제라는 점에서, 계약 농업에 따라 토지 소유자는 생태학적으로 적합하지 않은 용도로 대규모 토지 전환을 하지 않고도 수익에 만족할 수 있었다.

　이제 한국 DMZ를 생각해보자. 분단 상황이 훨씬 더 철저하고 가혹하고 길었고, 또한 DMZ 지역 바깥에서는 한국이 유례없는 경제 발전을 했기에, 독일의 경우보다 어쩌면 훨씬 더 막대한 생태적 가치가 있는 지역이다. 비록 간신히 오를 수 있는 산에서 벌어지는 대형 도로 사업, 하천을 훼손하는 하천 '개선' 사업, 자연보호 구역에 쓰레기를 버리는 흔한 문제, 아프리카 돼지 열병을 막겠다며 모든 산에 울타리를 치는 말도 안 되는 대책이 악영향을 미쳐도, DMZ 동부의 산림 지대는 대체로 온전히 보존되고 있다. 이곳은 생태적 가치가 적은 만큼 인간의 개발 압박도 다소 낮다.

군사 긴장과 개발 압력의 상관 관계

그러나 서쪽 저지대와 철원 평야에서는 다르다. 생태학적 핫스폿인 이곳에서는 잠재적인 군사 공격 가능성에 많이 노출된 탓에 군대 주둔이 훨씬 더 많이 느껴질 뿐만 아니라 인간의 경제적 압박도 해마다 증가하고 있다. 가장 큰 위험은 대개 즐거운 사건과 함께 닥친다. 민간인 통제 구역 감소, 직접적인 국경 지역의 긴장 완화와 군사 기술적 해법에 대한 더 높은 신뢰는 실제로 이 지역의 자연에 대한 개발 압력이 크게 증가했다는 것을 의미한다. 도처에서 새로운 개발 프로젝트가 시작되었다. 도로, 주택과 연금, 기업형 농업, 더 많은 인삼밭, 강 정비 프로젝트 등 이 모든 것은 이 지역의 생물 서식지를 극적으로 줄였다. 그 대부분은 생태 관광이라는 이름으로 벌어지는데, 한때 농촌 소득을 창출하고 생태와 발전을 조화시키는 현명한 방법으로 여겨졌지만, 지금은 이 지역 생태계에 큰 부담이 되고 있다.

생태 보호에 대한 한국인들의 관심은 진심이다. 대부분 사람은 DMZ 보호가 중요하다는 것에 동의한다. 그러나 이것이 '핵심 지대'로서의 DMZ 자체에만 관계되는 것이 아니라 더 나아가 그 주변 완충 지대에까지 미친다는 것을 이해하는 사람은 많지 않다. 많은 사람이 독수리, 흰꼬리수리, 두루미, 재두루미 같은 상징적인 조류종들의 보호가 필요하다는 데 동의한다. 그것은 아름다운 한국의 유산과 미래를 보존하기 때문이다. 심지어 이 새들에게 먹이를 주기 위해 많은 사람이 돈을 내기도 한다. 하지만 보호만으로는 안 되고, 새를 먹이는 것뿐 아니라 새가 번성할 수 있는 적절하고 충분한 크기의 서식지를 만드는 것이 필요하다는 것을 아는 이는 극소수이다.

그림 15_ 파주 인근 논에서 먹이를 먹고 있는 저어새. 2019년. Bernhard Seliger 제공.

주변 완충 지대 서식지도 중요

독일 그린벨트의 사례를 보면 이는 지정 보호 구역의 문제일 뿐만
아니라 계약 환경 보호처럼 토지 소유자에게 혜택을 주는 것을 포
함한 다양한 방식으로 처리될 수 있다. 하지만 우리는 더 많은 일
을 할 수 있다. 농촌 개발을 지배하는 이념은 경관의 '콘크리트화'
이다. 모든 도랑과 작은 하천은 파이프나 콘크리트 선체로 흘러
들어가면서 작은 양서류, 포유류, 어류에 해로운 영향을 미치고 있

다. 개구리가 이런 도랑에서 기어오르도록 돕는 '개구리 사다리' 같은 재치 있는 해결책은 일시적인 것이지만, 농촌 개발에 대한 전반적인 재평가라면 훨씬 더 좋을 것이다. 환경 중재, 즉 농부와 토지 소유자, 군사, 행정, 환경 비정부 기구NGO 등 모든 이해관계자가 참여하는 공동 논의는 사실상 존재하지 않는다.

1960년대 이후 한국의 조림 활동은 자연의 눈부신 복구가 가능하다는 것을 보여줬다. 그것은 산림이 황폐화한 북한의 민둥산에도 희망이 되겠지만 강과 강바닥, 산울타리, 습지, 갈대밭, 휴경지, 논, 저지대 숲 등의 평야에서 똑같이 취약하거나 때로 훨씬 더 취약한 생태계 복원에 희망도 준다. 최근 한국 접경 지역의 조류 조사를 하면서 나는 논 서식지가 오염되지 않았을 때 믿을 수 없을 정도로 조류가 다양하고 풍요롭다는 것에 다시 한번 경탄했다. 논밭이 고목에 둘러싸였고 주변에 도로가 없는 경기도 파주에 있는 왕릉인 장릉 가까이에 야생 동물이 번성하고 있었다. 한국의 미래를 위한 한 가지 정책 과제는 서식지가 더 큰 규모로 악화할 때, 적어도 야생 동물이 그런 지역에서 번성하도록 하는 것이다.

그림 16_ 철원의 콘크리트 배수구. 생물 다양성을 줄이고 경제적 이익도 거의 제공하지 못한다. 2015년. Bernhard Seliger 제공.

생물 다양성 유지에 보상을!

일부 NGO는 지속 가능한 관리를 위해 토지를 취득하기 시작했지만, 이것이 유일한 해결책은 될 수 없다. 오히려 정부와 토지 소유자는 생물 다양성 유지를 목표로 하는 생태 시스템 서비스가 적절히 보상받는 제도를 찾아서 토지 이용을 변경하려는 동기를 줄여야 한다. 그러면 서식지가 보존되고 이는 자연스럽게 한반도의 풍부한 생물 다양성 보존으로 이어질 것이다.

코로나19 시대는 수많은 비극을 낳고 있지만, 경제적 가치를 추구하는 인간 활동이 극적으로 제한되면서 생태계가 복원된다는 긍정적 측면도 있다. 이는 분명 인간의 통행을 허락하지 않는 DMZ뿐만 아니라 그 주변 지역 생태 환경 보존의 중요성을 깨닫는 계기가 될 것이다.

참고 자료

한스 자이델 재단 한국 사무소, https://korea.hss.de/ko/

Heinz Sielmann dir., *Tiere im Schatten der Grenze*, 1988.

러시아 내부의 경계선들
시골 별장으로 간 도시 중산층, 자급자족 내몰린 시골 빈민층

니콜라이 소린차이코프 Nikolai Ssorin-Chaikov

코로나19 방역 정보를 공유하기 위해 설립된 비영리단체 코비드 워치 CovidWatch가 2020년 4월 29일 공개한 보고서를 보면, 가정에 경제적 어려움의 여파가 불어닥치면서 봉쇄 완화를 지지하는 사람이 늘었다고 한다. 이 설문 조사에서 봉쇄 완화 지지 1위를 차지한 국가는 러시아였다. 러시아 응답자의 60%는 바이러스가 완전히 차단되지 않더라도 정부가 기업 활동 재개를 허용해야 한다는 데 동의했다. 특히 코로나19 확진자 감소 추세에 있던 중국 59%, 독일 50%, 이탈리아 53% 등과 달리 러시아에서는 감염병 확진이 여전히 증가하는 상태였다는 점에서 러시아가 1위를 차지한 것은 자국 경제 상황에 상당한 불안감을 드러낸 것이고, 이는 소비자 행동에 중요한 시사점을 제공한다.

강력한 통제를 선택한 러시아 정부

다른 곳과 마찬가지로 러시아에서도 코로나19 팬데믹은 정부 규제로 통제되고 있는데, 그것은 곧잘 조르조 아감벤의 '예외 상태' 개념에 기대어 정의된다. 이것은 봉쇄, 통행 금지, 가택 격리 제도 같은 이동 제한을 말한다. 각국 정부들도 실업률 증가 속에 경제적 지원을 목표로 특별한 체제를 출범시켰다. 사람들이 소비자로서 쓸 돈을 벌 방법을 지원하는 조처이다. 그러나 러시아 정부가 발표한 지원금은 미국, 영국, 독일 등이 지출하는 금액보다 훨씬 적다. 게다가 소비 욕구를 자극할 만한 개별 보상 지급은 극히 일부이며 대부분은 대기업에 대한 보조금이다. 이는 러시아인이 공공 부문에 계속 고용되지 않는 한 고용인이자 소비자로서 생존할 방법을 스스로 강구해야 한다는 것을 의미한다.

이러한 국가 정책의 즉각적이고 가시적인 효과는 소비 의욕 저하를 초래한다. 이러한 상태는 '비상 사태'의 법적인 모호함으로 인해 더욱 악화되었다. 러시아 정부는 '비상 상황'과 '비상 상태'라는 두 가지 비상 체제를 갖추고 있다. 둘 다 민권을 정지하되 건강, 재산 피해, 민간 기업의 영업 손실은 물론 심지어 지정된 비상 지 대한국의 특별 재난 지역 같은 곳에 거주하면 보상하게 되어 있다. 하지만 러시아 정부는 그 어느 것도 실시하지 않았다. 대신에 러시아가 선포한 것은 사전 비상 사태인 '특별 경계'인데, 이는 시민과 기업이 입은 손해에 대한 보상 요구를 제한한다.

이런 맥락 속에서 소비 동향이나 문화적 특수성은 어떤 모습을 띠고 있을까. 이 글에서는 다양한 사회적, 지역적 배경을 가진 러시아인의 소비 패턴과 관심사를 파악할 수 있도록 대략적인 경향을 소개한다.

미용실과 화장품 가게는 폐쇄 예외

미용 산업은 코로나19로 인한 사업장 폐쇄 상황 속에 놀라운 예외를 보였다. 모스크바 시장과 모스크바 주지사 모두 미용실, 화장품 가게, 사우나 등 면허가 있는 서비스 산업 일부에 예외를 적용하기로 결정했다. 모스크바의 결정을 러시아 전역에서 따르지는 않았다. 특히 상트페테르부르크가 그렇다. 흥미로운 점은 봉쇄 조처 속에 이 예외적인 상황이 초래한 영향이다.

은행 회계 감사를 전문으로 하는 40대 중반의 변호사인 니나는 "고층 아파트에서 내려가 미용실에 가서 외모를 다듬을 수 있어서 안심했다"고 말했다. "남편은 이제 화장도 하지 않은 나를 거의 온종일 보는 상황이다." 격리 기간에 남편과 항상 마주하기에 직장이 아닌 집에서의 외모가 중요해졌다고 그는 솔직히 말했다. 니나는 내 인류학 연구에 도움을 준 오랜 지인이다.

한편 러시아에서도 다른 나라와 마찬가지로 봉쇄는 이혼과 가정 폭력의 증가로 이어졌다. 2020년 4월 초 가정 폭력 예방 분야에서 활동하는 러시아의 9개 비정부 기구NGO는 중앙 정부와 지방 정부에 이러한 증가에 대응하는 긴급 조치를 취하도록 호소했다. 피해자와 가해자가 같은 아파트에 갇혀 있고 경찰이 시민을 직접 접견하지 않아 고소하기 어렵다는 주장도 했다. 실업률과 술 소비량 증가도 지적된다.

이 팬데믹의 결과로 나타난 '사회적 거리 두기'의 형태는 널리 언급되어 왔다. 우리는 새로운 근접 공간으로서 러시아 국내의 '내부' 공간과 그것이 어떻게 젠더화되어 있는지에 주목하고자 한다. 여기서 여성들은 '가족 보존'에 주도적인 역할을 하는 경향이 있다. 이러한 새로운 근접성으로 인해 어떤 종류의 소비자 경제가 창출될까. 모스크바에서 페트로자보츠크, 이르쿠츠크까지 니나와 같은 나의 오랜 지인 여성들에 따르면, 이것은 단순히 '진정한' 혹은 '러시아 고유의' 성 역할을 뒷받침할 뿐만 아니라, 그 역할 속에서 새로운 진정성이나 단순함을 강조하는 경제로 보인다. "이건 전혀 화장 같지 않은 화장이야." 니나는 이렇게 요약한다. 이는 성형 수술부터 마사지, 화장품에 이르기까지 여자가 '여자답게' 화장을 해도 화장을 하지 않은 것처럼 보여야 하고, 성형을 해도 성형을 안 한 것처럼 보여야 하는 문화적으로 독특한 트렌드이다.

고립은 다양한 소비를 부추긴다

상트페테르부르크 출신 이리나 미하일로브나[82]세는 "티브이에서 5월 연휴가 지나면 생활용품이 사라질지도 모른다고 했다"고 말한다. 그가 말하는 5월 연휴는 5월 1일 국제 노동자의 날에서 5월 9일의 제2차 세계대전 승전 기념절까지를 뜻한다. "실제 티브이에서 물품 부족을 언급했느냐"고 물으니, 그는 "아니. 하지만 가격이 오를 거라고 하더군"이라고 답했다. 높은 가격이 식량 부족을 의미하는 건 아니다. 하지만 닥칠 수 있는 '물자 부족'을 미하일로브나는 지속적으로 언급했다. 그의 장보기 전략은 '사재기'라는 문화적 경험을 전제하는 것으로 보였다. 이리나 미하일로브나와 그 세대 사람들에게 현재 상황은 옛소련 시대 상품 부족에 대한 경험을 떠올리게 한다. 그와 동시에 소련 몰락 이후 1998년과 2008년의 경제 위기에 얻은 중요한 문화적 경험과도 일치한다.

소련 시대 결핍에 대한 문화적 이미지는 미하일로브나의 기억뿐만 아니라, 피에르 노라가 '기억의 장소Les Lieux de mémoire'라고 명명한 집단 기억의 지형에서도 유통된다. 미하일로브나보다 훨씬 젊은 페이스북 이용자들의 토론을 예로 들 수 있다. 그들은 감염병에 대처하는 방법을 논의한다. 소련 시대 사재기의 문화적 이미지는 러시아어로 된 페이스북 공간 전체에 걸쳐 일상적으로 눈에 띈다. 이런 문화적 이미지가 최근 소비 패턴을 뒷받침한다는 것은 역설적이다. 소련 시대의 검소함을 흔히 언급하는 것은 최근의 '건강하고 단순한 식단' 관련 담론이다. '건강한 식단'은 육식 포기, 메밀을 포함한 곡물 섭취 중시를 의미한다.

하지만 '사재기'와 관계되는 문제는 단순히 식료품만이 아니다.

그림 17_ **월동용으로 음식을 저장해 놓은 농촌의 지하실.** Nikolai Ssorin-Chaikov 제공.

러시아에서 코로나가 유행한 첫 주는 러시아 루블화에 대한 미국 달러와 유럽연합 유로의 10~15% 평가 절상과 겹쳤다. 이것은 이미 낭비성 '루블 다 써버리기'식 소비로 이어졌다. 더욱이 봉쇄로 인한 실직과 파산으로 돈을 '비축'하는 일은 훨씬 힘들어졌다. 이에 따라 전자 제품, 주방용품, 의류, 심지어 주택 담보 대출에 대한 소비자 지출 증가가 보고되었다. 여기서 볼 수 있는 것은, 추가적인 소비 패턴의 전환이다. 이런 지출 증가의 지배적 형태는 인터넷 기반 소매업에서 발생하는 소비였다. 이 전환은 인터넷이 다른 서비스의 매개체가 되면서 일어났다.

앞에서 언급한 것처럼 고립은 미용 산업에 대한 새로운 욕구로 이어졌을 뿐만 아니라 집의 인테리어를 신경 쓸 수 있는 시간과 그렇게 할 만한 '가치'도 부여했다. 고립된 상태에서는 각자, 가족마다 DIY를 하는 동시에 DIY에 도움이 되는 서비스나 조립 등의 시장이 성장한다. 스타일리스트, 요리사, 인테리어 강사, 헬스, 댄스 교사들은 자신이 어떻게 원격으로 옷장 리모델링, 반려견 털 다듬기, 춤 배우기, 창틀에서 채소 재배하기, 요리하기를 도와줄 수 있는지 광고한다. 이는 다시 가옥을 개조하기 위한 DIY 도구 소비를 촉진한다. 이 도구 구매에 러시아인이 가치가 평가절하된 루블화를 써 버린다.

2020년 4월까지 모스크바에서 남쪽으로 200km 떨어진 랴잔

시 인근 마을 출신 율리아[25세]는 지역 농산물을 전문으로 공급하는 회사에서 일했다. 회사가 파산하면서 그는 직장을 잃었다. 이 회사는 농민과 소비자 간의 대면과 현금 교환에 지나치게 의존하다 인터넷 쇼핑몰과의 경쟁을 견디지 못해 폐업했다. 그러나 이 사업을 약화시키는 또 다른 중요한 요소가 있다. 러시아 전역에 지역 봉쇄의 일환으로 도입된 것은 도로 통제와 일관성 없는 지역 통행증 발행 시스템이다. 이로 인해 농민과 소비자의 농산물을 통한 지역 교류가 사실상 중단되었다. 많은 농촌이 고립된 것은 뚜렷하다. 여행 제한은, 원거리와 열악한 도로망뿐만 아니라 러시아의 정보 격차로 형성된 내부 시장의 경계와도 겹친다.

월 25만 원으로 채소 닭 키우며 살아남기

고립의 한 측면은 '도시 지역주의'가 부활하는 현상이다. 본인의 시골 별장에서 '자가 격리' 하는 것은 정보 기술IT, 창작 분야, 은행업에 종사해 재택근무가 가능한 도시 중산층 사이에서 꽤 흔하다. 시골로 간 도시 중산층은 생계형 농업을 직접 개발하고 지역 농민과 상호 교류한다. '중산층의 시골 이전'은 코로나19가 대유행하기 이전부터 있던 경향이지만 최근 더욱 강화되었다. 진보적인 생태적 사고방식과 생활의 단순화를 의미하는 다운시프팅Downshifting, 종교적이거나 우익적인 동기 등 다양한 문화적 사고의 영향을 받았다.

도시 중산층과 농민 사이 격차의 한편에는 앞서 소개한 실업자 율리아 가족이 있다. 그는 부모와 함께 마을에서 산다. 한 달에 180유로약 25만 원에 해당하는 금액을 받고 유치원에서 일하는 어머니 월급으로 온 가족이 간신히 생존한다. 그의 아버지는 비합법적으로 현금으로만 팔리는 꿀을 만드는 양봉장을 운영한다. 율리아가 설명하듯이 "지금은 벌집을 숲으로 가지고 나가야 하는 봄철인데, 우리를 봉쇄 위반으로 제지할 수 있는 경찰 때문에 많은 양봉

그림 18_ 농장이 되어 버린 다차(별장). Nikolai Ssorin-Chaikov 제공.

가가 그들의 양봉장을 버렸다".

그는 어머니 수입으로 가족이 살아남을 수 있는 이유는 "우리 손으로 우리에게 필요한 모든 것을 가꾸기 때문"이라고 덧붙였다. 그들에게 채소를 제공하는 텃밭이 있고 그들과 소고기, 돼지고기, 가금류를 나눠 먹는 친척과 이웃이 있다는 뜻이다.

인류학자 알렉세이 유르차크는 '우리svoy'라는 문화적 개념이 도시적이고 경력에 집착하는 러시아인에게 중요한 정체성의 지표였으며 후기 사회주의의 문화 질서에 그 뿌리를 내리고 있다고 주장했다. 율리아의 사례에서 '우리'는 가정, 토지, 친족, 이웃의 문화적 확장을 의미한다. 유르차크에게 '우리'는 '국가'의 반대어이다. '우리'는 공식적인 사회가 아닌 소집단의 정체성, 비공식 문화를 의미한다. 율리아는 같은 마을에 '자가 격리'로 쓰이는 모스크바 주민 소유 시골 별장과 자기 가족의 '우리'의 세계를 대조시킨다. 율리아와 이웃들이 보기에 모스크바의 중산층이야말로 마을 전체에 퍼지기 시작한 감염병의 감염원이다. 시골로 내려간 모스크바 중산층은 최근 이웃 마을에 문을 연 러시아 최대 온라인 패션 소매업체인 와일드베리 현지 배달 센터의 단골손님이어서 율리아에게도 그들의 적지 않은 소비가 보이지만, 자급자족하는 그에겐 그럴 만한 소득이 없다. 그들과 율리아는 서로 다른 세계에 사는 셈이다.

러시아의 소비자는 어쩔 수 없이 빵 굽기나 씨앗 심기, 채소 재배, 닭 키우기 등을 하면서 자급자족하도록 내몰리고 있다. 거기에는 소비 간소화와 사회적 책임, 새로운 지역주의의 추세가 두드러진다. 이런 성향은 선택이라기보다 필요성의 문제이다. 그들은 이주 노동자 같은 '위험한 타자들'뿐만 아니라 '타자'로서 국가나 부유한 관광객에 대한 두려움 때문에 그렇게 하는 것이다.

젠더 계급 지역 격차가 커졌다

코로나19는 러시아 사회의 젠더, 계급, 지역 사이 '경계선'을 더욱 가시화하고 노출했다. '여성성'을 강조하는 소비 경향, 많은 도시민의 루블화 인플레로 인한 '사재기' 등의 패닉성 소비, 그리고 농촌에서 '진정한 러시아적 가치'를 찾는다면서 시골 별장에서도 편하게 무엇이든 배달시킬 수 있는 도시 중산층과 한 가족이 먹을 식량을 거의 전부 자급자족해야 하는 시골이나 소도시 빈민 사이의 메울 수 없는 격차. 코로나19는 도시와 농촌에서 여러 계층, 여러 사회적 그룹을 서로 응시하게 하면서도 그들의 '격차'를 더욱 두드러지게 했다.

참고 문헌

Agamben, Giorgio, *State of Exception*, Chicago : University of Chicago Press, 2005.

Nora, Pierre, "Between Memory and History : Les Lieux De Mémoire", *Representations* 26, 1989.

Yurchak, Alexei, *Everything Was Forever, Until It Was No More : The Last Soviet Generation*, Princeton, Princeton UP, 2005.

광주 고려인 마을의 '선한 사마리아인'들

고가영

코로나19는 개인과 사회의 삶에 커다란 변화를 가져왔다. 코로나19 바이러스는 국민국가의 경계선을 자유롭게 넘나들고 있지만, 바이러스에 대한 대응은 국민국가 단위로 이루어져 국경선을 더욱 두텁게 만들고 있다. 그런데 코로나19는 외적 경계선만이 아니라 내적 경계선 역시 두껍게 하고 있다. 내적 접경 지대에 거주하고 있는 이주민들의 삶에도 다양한 방면에서 영향을 미치고 있다. 이 글에서는 이주민 사회 중에서도 고려인 사회, 그중에서도 광주 고려인 마을과 코로나에 대해 살펴보고자 한다.

귀환 이주를 감행한 고려인들

현재 한국 사회에는 76,880명의 고려인들이 거주하고 있는 것으로 추정된다2021년 4월 법무부 통계 기준. 고려인들이 한국으로 귀환 이주를 감행한 것은 역사적 맥락에서 이해할 수 있다. 연해주에 거주하는 조선인 이주민에 대해서 1850년대 이 지역을 여행한 러시아 여행 가들이 목격담을 남기기도 했지만, 러시아 극동 문서 보관소에 보존된 공식적인 기록에 따르면, 1863년에 13가구의 조선인 이주민이 연해주로 이주한 것으로 나타난다.

이후 스스로를 '고려사람'으로 불렸던 조선인 이주민들의 이주사는 크게 4단계로 구분된다. 첫째는 월경민으로서 살아가던 시기1863~1937로서 정치적·경제적인 원인으로 조선인 이주민들은 국경을 넘어 연해주에 정착했다. 두 번째는 유형민의 시기1937~1956였다. '일본의 스파이'라는 구실로 민족 전체가 연해주에서 중앙아시아로 강제 이주를 당한 뒤 거주 이전을 제한받았던 시기이다. 셋째는 소비에트 국민으로 인정받았던 시기1956~1991이다. 당시 서기장이었던 흐루쇼프에 의해 1956년에 "특별 이주자들의 법적 지위상 특별 거주에 따른 제한 조치 해제에 관해서"라는 법령이 공표되어 고려인들의 거주 제한이 철폐되었다. 이때부터 일부 고려인들은 대도시의 명문 대학으로 진학했고, 소련의 주류사회로의 진입이 가능해졌다. 마지막으로 독립 국가들의 국민으로 살게 된 시기[1992~현재]이다. 소비에트연방이 해체된 이후 신생 독립 국가가 된 중앙아시아 각국의 민족주의 강화 정책과 체제 전환에 따른 경제적 어려움으로 인해 많은 고려인들이 역사적 고국인 한국으로의 귀환 이주를 선택하고 있다.

이처럼 국내로 유입된 고려인들은 안산 땟골, 인천 함박마을, 아산 읍내리, 광주 월곡동, 안성 내리, 경주 성건동 등에 모여 살고 있다. 이 중에서도 가장 주목할 만한 고려인 공동체를 이루고 있는 곳이 광주 고려인 마을이다. 고려인 마을이 위치한 광산구 월곡동은 광주의 하남 공단과 평동 공단 인근이며, 광주시 외곽이어서 농촌으로의 접근성도 편리해, 공장과 농가에서 일자리를 구할 수 있다는 유리한 입지적인 조건을 갖추고 있다. 또한 거주 조건이 1개월 월세[약 30만 원]만 보증금으로 지급하면 방을 구할 수 있어서, 이주민들의 초기 정착이 쉽다는 장점도 있다. 인적 규모로는 안산, 인천, 아산에 이어 네 번째를 점하고 있지만, 광주 고려인 마을은 응집력과 체계적인 마을 운영 면에서는 국내 최고의 수준에 이르고 있다. 광주 고려인 마을의 이와 같은 특성은 코로나19의 확산이라는 비상사태에서도 빛을 발하고 있다.

광주 고려인 마을의 코로나19 대응

광주시가 수도권 지역과 비교하여 코로나 발병률이 낮은 지역이 기는 하지만, 고려인 마을은 코로나19 방역에 잘 대처한 지역이 다. 이는 2021년 1월과 8월에 시행된 두 차례의 선제 검사를 통해 인정받고 있다. 선제 검사가 시행된 이유는 고려인 마을 인근 대 형 마트, 식당 등에서 코로나가 발생했을 때도 고려인 마을의 코 로나 발병 사례가 보고되지 않자 "왜 광주 고려인 마을에서만 코 로나 발생 건수가 나타나지 않는가? 혹시 은폐되고 있는 것은 아 닌가?"라는 의문에서 출발했다.

그림 19_ 광주 광산구 월곡동 고려인 마을 고려인 지원 센터 외벽. 고가영 제공.

이러한 의문을 불식시키기 위해 광산구청에서는 선제 검사 시행을 결정했다. 코로나 선제 검사라는 이 사건을 통해 광주 고려인 마을의 특성을 알 수 있다. 다른 지역의 고려인 집거지들과 마찬가지로 광주 고려인 마을도 공단 인근에 만들어졌다. 그러나 다른 고려인 집거지들이 자연발생적으로 조성된 것과 달리 광주 고려인 마을에는 설립자가 존재한다. 이 마을의 디딤돌을 놓은 이는 현재 사단법인 고려인 마을의 설립자이자, 새날학교 설립자인 이천영 교장과 고려인 지원 센터의 신조야 대표이다. 코로나 선제 검사는 우선 고려인 마을 거주자들 네트워크의 중심 역할을 하고 있는 라디오 방송인 '고려 FM라디오'와 '나눔 방송'으로 홍보되었다. '나눔 방송'은 고려인 마을 주민들의 의료비 모금을 위해 2009년 광주 광역시에 등록한 인터넷 신문이다. 라디오 방송인 '고려 FM'은 2016년에 개국했으며, 2021년 7월 93.5 메가헤르츠로 정식 인가를 받았다. 이천영, 신조야 대표는 차량으로 함께 마을을 돌며 코로나 검사를 받으러 공원으로 나오라며 러시아어 가두 안내방송도 실시했다.

그 결과 2021년 1월에 고려인 마을 다모아 공원에서 1차 선제 검사가 사흘 동안 시행되었다. 검사 첫날에는 450명, 둘째 날에는 600명, 셋째 날에는 700명, 3일 동안 1,750명이 코로나19 검사를 받았다. 마을 전체 등록된 고려인이 약 5,800명인 것을 고려할 때

단시간에 매우 높은 검사율을 보였다. 이 검사에서 단 한 명도 코로나 양성이 나오지 않았다. 이에 고려인 마을은 '코로나 청정지역'이라는 평가를 받았다. 이후 4차 대유행이 시작된 시점인 2021년 8월 17~18일에 시행된 2차 선제 검사에서도 고려인 확진자는 발생하지 않았다. 이 검사에서 미등록 이주 노동자인 중앙아시아인 3명이 코로나 양성 판정을 받아 격리됐다.

그러나 2021년 9월 초 4차 대유행이 확산되면서 전국적으로 연일 신규 확진자가 2,000명을 넘자, 이러한 파고를 광주 월곡동도 피해갈 수 없게 되었다. 외국인 이주민 사이에 코로나가 확산되었고, 이는 고려인들에게도 직접적으로 영향을 미쳤다. 이에 광산구청은 코로나 확산을 방지하기 위한 방책으로 월곡동 거주 이주민들 13,000명거주 고려인 수의 약 2배에 해당을 대상으로 코로나 전수 검사를 진행했다. 고려인 마을은 이에 적극적으로 협조했다. 이 전수 검사에서 45명의 고려인 코로나 확진자가 파악되었으며, 400~500여 명을 자가 격리 조치했다. 적극적인 검사, 백신 접종, 자가 격리 등을 시행한 결과, 약 한 달만인 2021년 10월 현재에는 다시 청정 지역으로 회복되었다.

이처럼 신속한 검사 진행과 위기 상황에 대한 즉각적이고 능동적인 대처를 통해 청정한 마을로 회복될 수 있었던 배경에는 이천영 교장과 신조야 대표가 있다. 고려인 지원 센터는 코로나 상황 속에서 지역 내 고려인들이 운영하는 가게들에 방역 수칙 준수를 위한 안내 홍보를 적극적으로 펼치고 있으며, 신조야 대표는 직접 소독약을 들고 가게마다 다니며, 수시로 소독을 행하고 있다. 백신 접종을 장려하기 위해 고려인들이 코로나 백신을 신청하고 주사를 맞는 과정들을 상세하게 설명하면서 돕고 있으며, 백신 신청을 대행해 주기도 한다.

선한 사마리아인 이천영 교장

광주 고려인 마을의 정신적 지도자인 이천영 교장은 여러 매체를 통해 잘 알려진 바와 같이 불우한 어린 시절을 딛고 일어선 입지전적 인물이다. 열두 살 어린 나이에 가난으로 인해 고향인 전북 전주를 등지고, 단신으로 서울에 도착한 그는 중국집 배달부와 이발사를 비롯해 여러 고된 일을 했다. 소년공으로 공장에 취업해 누울 공간도 부족한 열악한 환경에서 칼잠을 자며, 체불된 임금 지급을 요청하다가 공장주한테 몰매를 맞기도 했다. 이러한 그의 삶의 전환점은 스무 살에 군대 징집을 위한 신체 검사를 받았을 때였다. 중학교에 진학하지 못했던 그는 학력 미달로 군대 징집을 거부당하자 커다란 충격을 받았다. 이를 계기로 2년 동안 열심히 공부해 검정 고시로 중·고등학교 과정을 마치고, 1980년에 원광 대학교 사범 대학 영어 교육과에 진학했다. 대학을 졸업한 뒤, 26 세에 전남 화순 능주중학교와 능주고등학교에서 영어 교사가 되었고 1988년부터는 전남여상에서 근무했다. 교사로 재직하던 중 그는 또 하나의 결정적인 삶의 전환점을 맞이했다.

그의 삶을 변화시킨 첫 만남은, 1998년 화창한 봄날을 맞아 가족들과 함께 쑥을 캐러 간 곳에서 외국인 노동자와 만난 것이었다. 이를 계기로 그는 이주 노동자들을 돕는 일을 시작했다. 이들 이주 노동자들 중에는 공장에서 일하다가 손이나 팔이 잘린 사람들도 많았다. 이런 일들은 언론을 통해 한국 사회에 널리 알려져 있다. 그러나 대부분의 사람들이 마치 성서에 나오는 강도당한 이웃을 내버려 두고 갈 길을 가버린 사람들처럼 행동한 것과는 달리, 당시 교사였던 이천영은 지나가던 발걸음을 멈추었다. 그는 누군가의 도움이 절실하게 필요했던 자신의 어린 시절을 되돌아보며, 이주 노동자들을 돕는 일을 시작했다. 광주 전남 교사들로 구성된 교직자 선교회 회원들과 동료 교사들의 도움을 받아 광산구 하남 공단에 창고를 임대해 외국인 근로자 문화 센터를 개원했다. 그는 이주 노동자들의 직접적인 필요를 해결하기 위해 동분서주 했다. 이후 외국인 근로자 무료 진료소, 인권 상담소, 광산 외국인 근로자 문화 센터, 공단 교회, 한반도 사랑 교회, 외국인 노숙자 쉼터, 무료 급식소 등을 세웠다. 외국인 노숙자 쉼터에는 주로 아프리카인들이 많이 찾아왔다. 이들을 돕는 일을 20여 년 동안 지속했다.

이와 같이 선한 사마리아인의 삶의 궤도로 들어선 그의 삶에 새로운 전환의 계기가 된 것은 2002년 고려인 신조야와의 만남이었다. 우즈베키스탄 대학에서 의류 디자인을 전공했던 신조야는 이미 한국에 거주하고 있던 딸을 만나기 위해 2001년에 입국하여 2개월 동안 인천의 횟집에서 일하다가, 이후 전남 함평의 콘크리트 회사에서 일했다. 2002년에 임금 체불 문제를 해결하기 위해 광주에서 외국인 근로자 문화 센터를 운영하던 이천영 대표를 찾았고, 이를 계기로 고려인들의 현실적인 어려움을 해결하는 일에 동행하게 되었다.

신조야 대표가 월곡동에 도착하던 2002년에는 카자흐스탄 남성과 결혼한 고려인 여성 한 명밖에 없었다. 이천영과 신조야 대표의 만남은 고려인 이주민들의 정착을 지원하는 일에 엄청난 시너지 효과를 냈다. 이들은 2004년에 고려인 공동체를 구성했고, 2005년부터 상담소를 개소했고 2009년부터는 고려인 지원 센터를 개설했다. 이들은 가방 하나만 들고 월곡동으로 찾아온 고려인들에게 무료로 숙식을 제공하고 일자리를 구해 주었다. 이 일은 2021년 10월인 현재까지도 계속되고 있다. 아무런 연고도 대책도 없이 찾아오는 고려인 이주민들을 받아주고 있으며, 첫 월급을 받게 되면 다음 사람들을 위해 숙소를 떠나는 규칙을 적용하고 있다. 다른 이주민 공동체와 마찬가지로 고려인 노동자들 역시 빈번한 임금 체불 문제를 겪고 있다. 센터는 노무사 상담으로 이들에게 실제적인 도움을 주고 있다. 그런데 코로나19로 인해 외국인 노동자들의 신규 입국이 제한되고 노동력 부족 현상으로 노동력의 가치가 상승하면서, 임금 체불 비중이 현저히 낮아졌다. 이는 역설적으로 코로나19가 가져온 긍정적 효과이기도 하다.

취업문제 해결과 더불어 이주 노동자들의 정착에 가장 필요한 도움은 의료 지원이다. 현행법으로는 외국인이 한국에 들어와 6개월이 지나야 의료 보험 가입 대상자가 될 수 있다. 그러나 6개월 이전에도 환자들이 생기고, 수술이 필요한 위급 상황에 처하기도 한다. 고려인 지원 센터는 월곡동 거주민에 한해 국적민족도, 병명도, 액수도, 묻지도 따지지도 않고 도움을 요청하는 이들의 병원비를 전액 지원한다. 병원비는 '고려 FM 라디오'와 '나눔 방송'을 통해 모금된다. 예를 들어 뇌졸중으로 쓰러졌던 가나인 노동자의 경우는 병원비가 2천만 원이 들었지만, 병원비 일체를 고려인 지원 센터에서 지불하기도 했다. 병원비는 월곡동에서 자리를 잡은 고려인 상인들만이 아니라 선주민 개인이나 단체들도 참여한 모금 활동을 통해 충당되고 있는데, 이처럼 고려인 마을은 광주 시민과 이주 노동자들을 이어주는 가교 역할을 하고 있다.

이렇게 고려인들의 정착을 돕던 이천영 대표에게 또 하나의 중대한 만남이 찾아왔다. 미등록 이주 노동자의 7세 아동을 맡게 된 것이다. 이 세 번째 만남을 계기로 그는 이주 노동자들의 자녀 교육에 관심을 갖게 되었고, 2007년 1월에 2명의 아동을 데리고 대안 학교인 '새날학교'를 시작했다. 시간도 부족하고 퇴직금으로 재정 적자도 해결해야 했기 때문에 이천영 대표는 본업인 영어 교사를 그만두었다. '새날학교'는 2011년에 학력이 인정되는 초·중·고 과정 위탁형 다문화 대안 학교로 인가되어, 광주 고려인 마을 자녀는 물론 중도 입국 다문화 청소년을 교육하는 교육 기관으로 발전했다. 2021년 1월 졸업생 23명 중 대학 입학을 희망하는 13명 모두가 연세대학교, 외국어대학교, 전남대학교 등에 입학했다. 또한 취업을 희망하는 학생들 대부분은 학교를 통해 광주 인근 산업 단지 기업에 입사했다. 2021년 10월 현재 '새날학교' 재학생은 70명이다. 교과과정은 중등, 고등학교 과정으로 구성되어 있으며, 10명의 교사가 재직하고 있다. 이천영 교장은 교정 관리, 각종 수리 등의 궂은일들을 모두 도맡아 하고 있다. 특히 '새날학교'의 재학생들 12명과 졸업생인 대학생 3명은 2021년 9월 말 코로나 전수 검사 당시에도 '새날학교 통역지원단'으로 구청의 역학 조사 과정에 동참하여 코로나 확산 방지에 기여했다. 이처럼 '새날학교'는 사회가 필요로 하는 인재들을 길러내는 산실이 되고 있다.

'새날학교'와 같은 정규 교육 과정 외에도 2012년에는 고려인 마을 어린이집을 개원했고, 2013년에는 지역 아동 센터를 개소했다. 2017년에는 고려인 청소년 문화 센터를 개소하여, 미래 세대의 교육 인프라를 굳건하게 다지고 있다. 다른 지역의 고려인 청소년들이 코로나19로 인해 부정적 영향을 받지만, 광주 고려인 마을의 아동들과 청소년들은 이러한 교육 체계 아래에서 보호되고 있다. 예를 들어 인천 함박마을의 경우 비대면 수업이 진행되면서, 대부분의 고려인 청소년들이 학기 중에 고려인 택배 회사, 음식점 등 취업 현장으로 뛰어들어 이주민 청소년들의 교육이 무너지고 있다. 이는 고려인뿐만 아니라 이주민, 더 나아가 저소득층 청소년이 팬데믹 상황에서 공통으로 처해 있는 환경이라 할 수 있다.

다른 지역들과 차별성을 갖는 광주 고려인 마을의 이러한 탄탄한 교육 인프라는 이 지역으로 고려인 유입을 더욱 늘어나게 하는 요인이 되고 있다. 2021년 상반기(1월~5월 사이)에만 약 200명이 이곳으로 이주했다. 이들 대부분은 아이들을 동반한 가구이다. 이외에도 고려인 마을은 자경단을 조직하여 광산구 경찰서와 협업해 역내 순찰을 돌고 있다. 그 덕분에 안전한 마을이 되고 있다. 이 지역을 담당하고 있는 광주 광산 경찰서 외사과 류은정 경위는 고려인 마을 범죄율이 0.02%로 떨어졌는데, 이는 한국의 다른 지역 범죄율과 비교할 때 현저히 낮은 수치라고 알려주었다. 이러한 안전성의 보장 역시 유입 인구 증가의 중요한 요인이 되고 있다.

'역사 마을 1번지 고려인 마을'

그림 20_ 홍범도장군 유해 봉환 기념 특별 전시회 배너가 놓인 문화관. 고가영 제공.

무엇보다 이천영 사단 법인 고려인 마을 이사장은 고려인 마을이 마치 전주의 한옥 마을처럼 광주의 특화된 지역으로 자리매김하기를 원하고 있다. 고려인들의 문화, 중앙아시아, 동남아시아, 아프리카 등 여러 국가들의 전통문화에 대한 이해를 바탕으로 광주 거주 선주민, 더 나아가 전국의 한국인 선주민들과 문화적으로 어우러진 지역이 되기를 희망한다. 이러한 희망을 담아 그는 '역사 마을 1번지 고려인 마을'을 선포했다. 그의 이러한 소망은 네 번째의 만남인 월곡 고려인 문화관 '결'의 김병학 관장과의 만남을 통해 이루어지고 있다. 김병학 관장은 1992년 카자흐스탄의 우슈토베에서 한글 학교를 개원한 이래, 카자흐스탄의 한글 문화 센터 소장, 현지 대학의 한국어 교수,『고려일보』기자 등으로 2016년까지 일했다. 카자흐스탄에서 체류한 24년 동안 그는 고려인 역사와 문화에 관련된 귀중한 유물 12,000점을 수집했다. 이를 바탕으로 2021년 5월에 월곡 고려인 문화관 '결'을 개관했다. 특히 2021년 8월에는 홍범도 장군의 유해 봉환을 기념하는 특별 전시회를 개최했다. 한편 월곡 고려인 문화관 '결'이 소장한 자료들 중 23권의 자료집이 국가기록물 제13호로 지정되기도 했다. 이러한 귀한 유물들을 소장하고 있는 월곡 고려인 문화관 '결'은 고려인들의 자긍심의 구심점이 되고 있으며, 선주민들에게 고려인의 역사와 문화에 대한 이해를 높이는 다리가 되고 있다.

또한 진정한 역사 마을 1번지로 발전하기 위해 사단법인 고려인 마을은 2018년에 '고려인 인문사회연구소'를 개설했다. 이 연구소에서는 고려인 연구자들과 문인들이 학술서와 문학 작품집들을 발간하고 있다. 이러한 학술기관과 더불어 고려인 마을의 중요한 문화 자산 중 하나는 '고려인 가무단'과 '고려인 어린이 합창단'이다. 이들은 고려인 강제 이주 80주년을 기념하여 2017년부터 공연을 시작한 〈나는 고려인이다〉라는 뮤지컬에 참가하는 등 활발한 활동을 벌이고 있다. 이 스토리텔링 극은 고려인의 역사와 문화를 예술적으로 표현하고 있다.

향후 광주 고려인 마을은 포스트 코로나 시대에 거리 축제, 추석·설날과 같은 민족 명절에 공동체 전체가 참여하는 축제를 기획하고 있으며, 고려인 박물관 역시 2022년에 고려 극장 창립 90주년 기념 특별전 등을 기획하고 있다. 코로나19로 무기한 연기되었던 행사들과 앞으로 계획하고 있는 이러한 의미 있는 행사들은 위드 코로나, 포스트 코로나 시대에 활발하게 진행될 것이다.

외국인 노동자가 아닌 대한민국 국민으로

이처럼 광주 고려인 마을은 질병이 초래한 위기 상황을 잘 타개해 나가고 있으며, 건전한 공동체 만들기의 좋은 사례가 되고 있다. 고려인 마을이 보다 지속적으로 발전하기 위해서는 안정의 기반이 되는 국적 부여가 이루어져야 할 것이다. 과거 스탈린 시기 민족 전체가 강제 이주를 경험한 민족 중 소련 해체 당시 국외에 모국이 있는 민족에는 독일인, 유대인, 고려인이 있었다. 이 중 독일과 이스라엘은 귀환 이주를 선택한 모든 사람에게 바로 국적을 부여했다. 오직 한국만이 이들을 아직도 타자화하며, 3D 업종에 필요한 이주 노동자 정도로 여긴다. 국내 정착을 원하는 고려인에게 국적을 부여해 지속적인 정착의 토대를 마련하고, 의료 문제와 체불 임금 해결 등에 국가가 좀 더 적극적으로 개입해야 할 것으로 보인다.

참고문헌

김재기·홍인화,「광주거주고려인 이주 노동자로서 인권실태」,『재외한인연구』 43,
2017.

윤승중 외,『광주 고려인마을 사람들』, 광주광역시립민속박물관, 2019.

임영상·정막래,「한국 속의 러시아, 고려인 마을을 중심으로」,『동서인문학』 52,
2016.

정막래·주동완,「광주 고려인마을의 발전을 위한 위키백과 구축 연구」,『슬라브학
보』 32(3), 2017.

의료와 문학의 접촉 지대와 치유 공간
'치료'가 멈춘 곳에서 어떻게 '치유'를 시작할까

캐런 손버 Karen L. Thornber

2020년 초 코로나19는 중국의 일상 생활에 상당한 균열을 일으킨 뒤 전 세계로 퍼지면서 다양한 지역 사회를 파괴했다. 2020년 3월 11일 세계보건기구WHO가 코로나19를 팬데믹으로 규정했을 때, 110개국 이상의 국가와 지역에서 11만 8천 명 넘는 확진자가 발생했고 4,300명 가깝게 사망했다. 그로부터 1년 넘게 흐른 현재, 필자가 원고를 쓰는 2021년 4월 23일을 기준으로 전 세계적으로 1억 4,500만 명이 코로나19에 감염되었고 300만 명이 사망한 것으로 알려졌다. 검사가 여전히 부족하고 확진자 수를 의도적으로 줄인다는 점을 고려할 때, 코로나19는 공식 데이터보다 훨씬 더 많은 사람을 감염시키고 죽음에 이르게 했을 것이다.

팬데믹 선언 3주 만에

더욱이 생존자 수백만 명은 감염 뒤 수개월 동안 후유증을 겪는데, 이 증상은 악화하기도 하지만 시간이 흐르면서 더 심해지기도 한다. 이들은 '코로나19 장기 투병자'로 불리는데 완치와 거리가 먼데도 치료받지 못하고 있다. 그렇게 이들의 건강과 삶은 현저하게 변했다. 백신은 점점 더 이용 가능해졌지만, 아직도 많은 지역에서 불평등하게 보급되며 신규 감염 속도를 따라잡는 데 실패했다. 코로나19의 영향은 민족, 인종, 사회 경제적 지위와 직업에 따라 극단적으로 불균형한 양상을 보이며 공동체와 정체성 사이에 경계와 장벽을 강화하고 있다.

이런 내용은 코로나바이러스로 발생한 질환의 의학적 측면만을 언급한 것이다. 전문가들은 코로나19가 좁은 의미의 전 지구적인 보건 위기 그 이상임을 즉시 알아차렸다. 팬데믹이 선언된 지 3주 만인 2020년 4월 6일, 유엔은 코로나19가 "인류, 경제, 사회적 위기"이며 "사회를 그 핵심부부터 공격하고 있다"고 선언했다. "코로나19 발병은 모든 사람에게 영향을 미치며 특히 가장 취약한 상황에 놓인 사회 집단의 구성원에게 해롭다. 빈곤층, 노인, 장애인, 청소년 그리고 원주민 같은 사람들에게 계속 악영향을 미친다. (…중략…) 건강과 경제에 미치는 바이러스의 영향은 팬데믹과 그

여파에 불균형적으로 나타난다. (…중략…) 코로나19 팬데믹은 또한 중장기적으로 불평등, 배제, 차별과 전 세계적인 실업을 증가시킬 수 있다."

지난 1년 동안 팬데믹으로 인한 인류의 경제, 사회적 위기는 처음 예상한 것보다 훨씬 더 파괴적이었음이 드러났다. 특히 미국과 브라질, 인도를 포함한 상당수 국가가 가장 취약한 사람들을 파괴에서 보호할 수 없었다. 심지어 대놓고 바이러스 통제를 거부한 상황도 일어났다. 이런 때에 '치유'란 가능할까? 좀더 구체적으로는 문학과 의학·보건의 '접촉 지대'는 어떻게 치유의 공간을 만들 수 있을까? 약 30년 전 미국의 연구자 메리 루이즈 프랫은 접촉 지대를 팽창하는 제국의 접촉 공간, 즉 지리·역사적으로 분리된 민족들이 서로 접촉해 강요, 극심한 불평등, 꼬여버린 갈등 상태에서 지속적인 관계를 수립하는 공간으로 규정했다. 이후 프랫의 이 용어는 필자가 제2차 세계대전 당시 일본 전역의 예술가들이 만든 접촉 공간을 살펴본 2009년의 책 『이동하는 텍스트의 제국Empire of Texts in Motion』을 포함해 다양하게 사용되었다. 코로나 팬데믹 문맥에서 이 용어는 "미국 로스앤젤레스 코리아타운같이 극도로 불평등하며 항상 투쟁을 동반하는 상호 작용과 연결의 공간"을 포착하는 말로 쓰이기도 했다.

치료와 치유의 차이

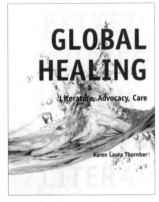

그림 21_Karen Laura Thornber, *Global Healing : Literature, Advocacy, Care*.

내가 2020년 펴낸 책『전 지구적인 치유─ 문학, 지원, 돌봄*Global Healing : Literature, Advocacy, Care*』을 바탕으로 여기에서는 또 다른 형태의 접촉 지대인 문학과 의학·보건 사이의 접촉 지대와, 그것이 치료가 없는 곳에서도 어떻게 치유의 공간을 만들어낼 수 있는지 생각해보려 한다. 우선 나병이나 에이즈, 치매 같은 질병을 앓는다는 이유만으로 사람들이 낙인찍히고 인간성을 말살당하고 침묵을 강요당하듯이, 수십억 명이 질병 자체뿐만 아니라 소속 공동체의 차별로 고통받는 세상에서 치유란 무엇이며 치유가 왜 중요한지 말하려 한다. 그리고 문학과 의학·보건의 접촉 지대가 치유를 증진하고 행복감을 가져오는 데 중요한 역할을 한다는 걸 환기하려 한다.

전 세계에 여전히 퍼져나가는 질병으로 육체·경제·정신·정서적으로 많은 것이 파괴되고, 흔히 인종·성·계급 차별이나 다른 형태의 차별에 근거한 질병에 대한 낙인과 편견이 인권 침해와 폭력으로 이어지는 이 시대에 치유가 의미하는 것은 무엇일까? 먼저 '치유'와 '치료'를 구분하는 것이 중요하다. 치유와 치료는 서로 관련은 있지만 동일하지 않다. 치료는 일반적으로 질병을 제거하는 것으로 이해되며 흔히 의학적 처치로 이루어진다. 반면 치유는 종종 '온전해진다'거나 '회복된다'는 식으로 묘사된다. 따라서 우리는 질병을 치료받아도 치유받지는 못할 수 있다. 예를 들어 어떤 사람이 암 치료를 받았는데도 동료들이 그를 경멸해서 직장으로 돌아갈 수 없다면, 그는 아직 치유되지 않은 것이다. 마찬가지로 우리는 치료 없이 치유받을 수 있다. 한 가지 예를 들면, 고칠 수 없는 지병이 있더라도 가족과 공동체에서 만족스러운 '위치'를 점하며 온전함을 느낀다면 치유된 것으로 간주할 수 있다.

후자의 예는 중요한 의미를 갖는다. 앞서 밝힌 바와 같이 이제는 코로나19 신규 확진을 막을 수 있는 다양한 백신이 있다. 그러나 아직 전 세계적으로 소수 인원만 백신을 접종했고, 새로운 변이 바이러스가 나타나 추가 감염을 막으려는 노력을 위협하고 있다. 더 중요한 것은, 일부 환자의 증상을 줄이는 치료법이 있기는 하지만 급성 코로나19에 대한 치료법은 없고 만성의 경우 더욱 심각한 상황이라는 점이다.

만성 코로나19, 잠재적인 제2의 팬데믹

물론 이 질병에 걸린 것으로 알려진 약 1억 4,500만 명 중 많은 사람이 몇 주 이내나 몇 달 안에 회복되었다. 그러나 코로나19 통계에는 확진자와 사망자만 있을 뿐 수백만 명의 코로나19 '장기 투병자'는 포함되지 않는다. 이들은 초기 감염시 거의 무증상을 보였지만 그로부터 몇 개월 뒤 이 질병에 따른 광범위한 합병증을 겪고 있다. 2020년 7월 미국 국립 알레르기·전염병 연구소의 앤서니 파우치Anthony Fauci 소장은 이렇게 말했다. "이야기를 듣다 보면, 바이러스 감염 뒤 증후군을 앓는 사람이 상당히 많다는 것은 의심의 여지가 없다. 바이러스가 제거되어 회복된 것으로 여겨지더라도, 그들은 여러 측면에서 몇 주 동안이나 정상적인 생활을 하지 못한다."

일부 '장기 투병자'에게 백신은 일종의 치료제가 되어 증상을 해결하는 데 도움을 주었지만 대다수 사람은 운이 그렇게 좋지 않았다. 대신 만성질환, 특히 많은 오해를 받는 류머티즘성관절염 같은 자가 면역 상태에서 흔히 발생하듯이, 직장으로 복귀할 수 없는데도 환자들의 증상은 무시된다. 시간이 지나면서 만성 코로나19 질환은 환자와 그들이 사랑하는 이들뿐만 아니라 공동체와 사회에도 중대한 도전이 될 가능성이 크다. 실제 몇몇 사람은 만성 코로나19를 '잠재적인 제2의 팬데믹'이라 불렀다.

만성 코로나19에 대한 치료제와 효과적인 치료법은 여전히 찾기 어렵다. 그러나 그것이 발견되어 널리 이용되더라도 치유에 관심을 가져야 한다. 특히 가족이나 다양한 인간관계, 더 넓게는 의료 환경과 사회 전반에서 서로를 대하는 방식을 변화시키는 것에 주목해야 한다. 왜냐하면 코로나19 이전에도 매년 수백만 명이 전염병으로 죽어갔기 때문이다. 게다가 만성 비전염성 질병은 정신 질환과 마찬가지로 전 세계적으로 증가하고 있다. 알츠하이머와 여러 유형의 치매는 인구가 고령화됨에 따라 향후 수십 년 동안 급격히 늘어날 것으로 예상한다. 특히 기후 변화로 더 나빠질 수 있는 건강 상태나 건강에 유해한 환경 조건은 많은 고통을 불러온다.

"엄마, 언제 돌아가실 거예요?"

그러나 사람들은 질병 자체의 육체적인 아픔으로만 고통받는 것이 아니다. 그들은 사회와 의료 보건 전문가, 심지어 그들과 가까운 사람들이 자신을 어떻게 대우하는지에 따라서도 극심한 고통을 얻을 수 있다. 건강 상태가 좋지 않은 사람들은 그들의 간병인

그림 22_ 『어머니의 유산』 표지. "엄마, 도 대체 언제쯤 죽을 건데?"라고 쓰여 있다.

을 포함해서 모두가 너무나 빈번하게 낙인찍히고, 비인간적인 대우를 받으며 침묵을 강요당한다. 이는 제대로 치료되지 않을 때도, 치유를 촉진하고 복지를 누리도록 대우받을 수 있는 돌봄 공동체를 형성하는 것과는 차이가 크다. 연령, 계급, 민족, 성별, 인종, 종교, 성적 성향 같은 요인으로 이미 취약한 사람들에게는 더욱 가혹하다고 할 수 있다.

문학과 의학·보건의 접촉 지대, 즉 소설이나 시, 단편에서 회고록과 창작 논픽션까지 질병과 질환에 관한 모든 것을 읽고 쓰는 것은 많은 사람에게 치유의 기회가 되었다. 예컨대 일본 작가 미즈무라 미나에水村美苗는 '노인 돌봄'이라는 종종 견디기 힘든 짐에 대한 솔직한 심경을 토로하며 "엄마, 언제 돌아가실 거예요?"라는 질문을 표지에 담은 소설 『어머니의 유산新聞小説 母の遺産』2012을 펴내고 간병인에게서 편지를 많이 받았다. 미즈무라는 "소설로 인해 구원받은 느낌이었고, 자신의 엄마가 죽기를 바란 것에 스스로를 용서할 수 있게 되었다고 거듭 전해 와서 놀라고 감동받았다"고 언급했다.

마찬가지로 암환자를 위한 시 워크숍 시리즈인 '부채선인장 시

창작 프로젝트Prickly Pear Poetry Project' 주최자는 이렇게 말했다. "창조적인 과정은 정말로 치유를 가져올 수 있습니다. 유방암 진단을 받은 뒤 상실과 임박한 죽음, 심지어 희망조차 마음에 남았어요. 시를 쓰면서 저는 이들 중 일부를 표현할 수 있다는 걸 알았어요. 그것들은 생각을 정리하는 걸 도왔어요." 의사들 또한 문학이 그들의 삶과 진료 과정에서 만들어낸 차이를 분명하게 밝혔다.

환자를 더 잘 이해하고 치료할 수 있게 하는 것부터 스트레스가 많은 직업에 중요한 '휴식'과 창조적인 배출구를 제공하는 것까지, 문학의 역할은 다양하다. 소록도의 나환자 병원을 다룬 한국 작가 이청준의 『당신들의 천국』1976 같은 문학 작품은 병에 수반되는 고통의 정도가 병에 대한 사회의 반응 때문에 얼마나 직간접적으로 심화되는지 부각했다. 이런 서사는 사회와 개인이 건강 위기에 대비하고 대처하는 방법을 전환해야 한다는 절박한 필요성을 드러냄으로써 치유 공간을 만들어내는 데 기여한다.

전 지구적 치유라는 중대한 과제

많은 사람이 문학과 의학·보건 분야에는 공통점이 거의 없으며, 치료와 치유는 전적으로 발전된 의료 기술과 약물에 달려 있다고 믿는다. 확실히 생명을 구하고 언론의 헤드라인을 장식하는 또 하나의 의학적 기적을 발견하는 일에 집중하는 것이 훨씬 간단하고 즉각적인 만족을 가져오기 쉬울 것이다. 그러나 그런 접근 방식은, 앞서 언급한 의료의 인간화는 말할 것도 없고, 불평등과 부당함의 근본적인 구조에 도전하는 것을 어렵게 한다. 오늘날에도 대부분 세계에서 수많은 건강 문제는 건강·복지 피해를 심화하는 사회·의학·가정적 반응을 촉발하며, 불관용이 관용되고 낙인효과에는 그 어떤 낙인도 찍히지 않는다. 이런 실상은 건강과 복지를 위한 투쟁에 참여하는, 더 강력하고 다양하며 지속적인 발화 필요성을 분명히 보여준다. 우리는 자축할 만한 많은 발전을 이루었다. 하지만 약자 지원, 돌봄 그리고 궁극적으로 전 지구적 치유라는 중대한 과제가 우리에게 남아 있다.

참고 문헌

이청준, 『당신들의 천국』, 열림원, 2000.

Eric Cassell, *The Nature of Healing : The Modern Practice of Medicine*, Oxford University
　　　Press, 2013.

Karen Laura Thornber, *Global Healing : Literature, Advo?cacy, Care*, Brill, 2020.

水村美苗, 『新聞小説 母の遺産』, 中央公論新社, 2012.

과학과 미신의 불편한 공존

현명호

코로나바이러스와 미신

코로나바이러스의 전 지구적 1차 확산이 정점을 향해 가던 2020년 4월, 영국에서는 5G 코로나바이러스 음모론이 기승을 부렸다. 5G의 전파가 아직 규명되지 않은 경로로 면역력에 영향을 주어서 사람들이 코로나바이러스에 취약해졌기 때문에 이번 전 지구적 범유행이 발생했다는 것이다. 영국 언론 보도에 따르면, 4월 초순에만 5G 통신탑과 다른 장비를 겨냥한 방화 사건이 30건 발생했고 통신 노동자를 위협한 사건도 80건에 다다랐다.

소위 5G 코로나바이러스 음모론5G Coronavirus Conspiracy은 이 전염병에 대한 미신 중 일부에 불과하다. 잘못된 정보의 확산을 막기 위해 국제 보건 기구는 홈페이지에 미신 타파mythbuster 항목을 개설했다. 마스크 장시간 착용이 이산화탄소 중독과 산소 결핍을 초래한다거나, 술을 마시거나 고추나 마늘을 먹거나 일광욕을 하면 감염률을 낮출 수 있다거나, 10초 간 숨을 참아도 기침을 하거나 호흡이 불편하지 않으면 감염되지 않았다는 증거라거나, 드라이어가 코로나바이러스를 죽일 수 있다는 등의 속설을 믿지 말라는 것이다.

그림 23_ 2020년 초, 코로나 바이러스의 전지구적 유행과 더불어 다양한 종류의 미신들이 등장했다. 한국에서는 대표적으로 항균 기능이 있다는 목걸이가 판매되기도 했다. (출처:환경부)

　맹목적이고 거짓이라는 비판을 받으면서도 미신이 사라지지 않는 이유는 여러 관점에서 규명되어 왔다. 특히 불확실성에 대한 보완이나 미래에 대한 통제 욕구 등은 어렵지 않게 이해할 수 있다. 이러한 설명들이 공통으로 기반하는 사실은 인간의 감정적, 지적 불안정성이다. 이 주장을 확장하면 인간이란 존재의 한계가 분명한 이상, 옛날이나 지금이나 미신은 발생할 수밖에 없다는 결론에 이른다. 그리고 이러한 결론의 비의도적인 결과는 옛날이나 지금이나 미신은 항상 비슷하게 존재해 왔다고 막연히 이해하는 것이다.

접촉 지대 한반도와 미신의 근대적 탄생

그러나 역사 연구자의 눈으로 보기에 전근대와 근대의 미신은 존재 양태가 근본적으로 다르다. 전근대 시기에 미신은 사회 전체적으로 통용되고 수용되는 행위였다. 예를 들어, 1821년 잦은 설사로 인한 극심한 탈수 증상으로 사망에 이르게 하는 질병인 콜레라가 처음으로 조선에서 유행했을 때, 민간에서는 쥐가 병의 근원이라는 믿음에서 고양이 부적을 그렸고, 박테리아라는 질병에 대한 지식이 마찬가지로 없었던 정부는 억울한 망자인 여귀厲鬼가 산 자에게 해코지한다고 해서 이를 달래기 위해 별여제別厲祭를 거행했다. 즉, 표현하는 방식의 차이가 있을 뿐, 정부나 민간이나 미신에 타당한 의미를 부여했고 실제로 긍정적인 효과를 기대했다.

하지만 근대에 들어와 미신의 존재 방식에 근본적 변화가 일어났다. 19세기 말 개항한 조선에 빠르게 유입된 서구 문화에 가장 먼저 노출된 영역 중 하나는 의료였다. 콜레라와 같이 외부로부터 침입한 전염병의 창궐이 잦아졌고, 외국인들은 이러한 질병에 대한 의학적 지식을 가지고 있었기 때문이다. 개방된 한반도의 접촉 지대에서 과학적 방역과 합리적 치료법은 악귀가 질병의 원인이라는 전통적 믿음과 만났다.

이 조우와 함께 미신은 비로소 비과학적이라며 부정적으로 여

그림 24_ 1911년과 1925년 조선을 방문한 독일 성 베네딕도회의 노르베르트 베버 총아빠스(Archabbot Norbert Weber)가 함경도 지방에서 두 맹인이 악귀를 쫓는 의식을 행하는 것을 보고 기록한 영상의 일부.

겨졌고 우리가 알고 있는 미신이 되었다. 조선의 미신의 발견자가 모든 종류의 미신을 극도로 경계했던 서양인 선교사라는 사실은 놀랍지 않다. 개신교 선교사로 조선에 머무른 호레이스 언더우드Horace Grant Underwood는 조선인 마을에서 천연두를 '존경하는 손님honorable guest'으로 대접하면서 무당을 부르고 춤을 추고 노래를 부르며 굿을 하는 장면을 목격하고 기록에 남겼다. 특히 무당 중 하나가 완전히 빙의되어 이 질병의 신의 말을 전할 수 있을 때까지 굿을 계속하고 그 옆에서 이 '귀한 손님'을 노하게 할 수 있는 어떠한 '약'의 사용도 거부한 조선인들에 대한 기록은 언더우드가 이 미신적 행위를 보면서 느꼈던 우려감을 그대로 전달한다.

조선인 중에서 미신에 대한 부정적 시각을 먼저 내면화한 이는 구한말 개화를 주장하기 시작한 계몽주의자들이었다. 미국에서 대학을 졸업하고 조선으로 돌아와 원산 등 개항장에서 감리로 사무를 보던 윤치호가 그 대표적인 예이다. 그가 원산항 감리로 있던 1902년 여름이 끝날 무렵 콜레라가 블라디보스토크로부터 바닷길을 따라 원산에 이르렀고, 우기라는 좋은 환경을 맞아 급속도로 퍼져나갔는데, 이때 그는 "조선인에게는 무당이 내뱉는 이해할수 없는 방언이 위생학 관련 서적을 모두 구비한 완벽한 도서관보다도 더 중요하다"며 한탄했다. 근대적 합리성에 동의하는 지식인이자 방역을 책임진 행정관인 윤치호에게 지역 주민의 근대 의학에 대한 무지는 좌절 그 자체였다.

윤치호의 좌절에는 구체적인 이유가 있었다. 원산 조선인 주민들은 경찰서에서 나누어 주던 서양인 의사가 지은 약을 불신해서먹지 않았고, 콜레라로 죽은 사람이 서양 약을 먹었기 때문에 죽었다며 질병이 아닌 서양 의학 그 자체를 의심했으며, 서양인 선교사가 죽은 소를 땅에 묻자 그것을 파내서 아무렇지도 않게 고기를 나누어 갔다. 대신 '역병의 신'이라고 하는 운기영신대감運氣靈神大監에게 원산에서 떠나 달라며 기도를 올리고 시루떡을 바쳤다. 징, 북, 나팔과 깃발을 비롯해 군복을 입고 조랑말 위에 올라탄 무당들로 이루어진 굿판 행렬이 도시를 정화하기 위해 주요 도로들을 통과할 때는 마을의 존위尊位라는 사람이 "마을 사람들이 행복해 했고, 이제 마을이 콜레라에서 벗어났다"고 선언하기도 했다.

이런 주민들에게 윤치호는 '무지'가 '축복'이라며 냉소적 태도를 보였다. 하지만 과학적일지는 몰라도 관습과 괴리된 윤치호의 접근 방식은 경험과 전통에 근거해서 세계를 이해하던 지역 주민들의 반발을 샀을 뿐이었다. 방역 조치의 하나로 '오물과 먼지가 쌓여 있는 집안'을 청소하라고 관아에서 명령하면 주민들은 아버지 세대들은 오랫동안 아주 더러운 곳에 살았어도 그다지 건강이 나빠지지 않았다며 맞섰고, 덜 익은 과일의 판매를 금지하면 조상들은 덜 익은 과일을 먹고 살아도 오랫동안 장수했다고 대항했다. 윤치호와 원산 주민의 대립은 질병을 둘러싸고 과학적으로 증명된 사실을 따르는 근대적 세계와 과거로부터 이어져 내려온 경험적 지식을 신봉하는 전통적 세계가 충돌한 사건이었다.

21세기의 미신은 '과학'의 옷을 입는다

표면적으로 볼 때 이 충돌은 과학의 승리로 끝났다. 집안을 항상 청소하고 신체의 청결을 유지하는 것은 상식이 되었고, 역병으로 죽은 소를 판매하는 것은 상상도 못 하게 되었으며, 인류는 수명

연장이라는 기념비적 업적을 남겼다. 동시에, 명절과 제사 등을 제외하면, 오랜 세월 동안 사람들의 삶의 기반이었던 경험적 지식에 대한 믿음은 그 기반을 송두리째 빼앗긴 채 미신이 되었다.

그러나 미신은 사라지지 않고 과학의 주변에 머물며 시대와 상황에 따라 다양한 형태로 이어졌다. 과학이 감히 범접하지 못하는 예술의 영역으로 승화된 경우가 한 예이다. 한국에서는 무형 문화재라는 개념이 1962년 등장했고, 이 개념은 전통 공예품을 만드는 기술을 보유한 장인들에서 과거에 굿을 하며 치료사 역할을 하던 무속인으로 점차 확대되었다. 1985년 무형 문화재가 된 무녀 김금화를 주인공으로 한 〈만신〉이라는 영화는 2014년 개봉해서 다양성 영화 중에서는 높은 흥행 실적을 거두며, 예술의 영역에서 미신이 과학의 비판으로부터도 자유롭고 대중의 인정도 받음을 보여주었다.

과학이 자신감과는 달리 세계의 모든 현상을 충분히 설명하지 못할 때마다 미신은 그만큼 자신의 영역을 넓혔다. 합리적 회의론자들이 과학인 척하는 '헛소리'라 부르는 유사 과학은 그 좋은 예이다. 유사 과학은, 이를테면 개 구충제에 들어있는 '펜벤다졸' 성분이 항암 치료에 효과가 있다고 해외 논문에서 입증했다는 주장처럼, 과학의 외피를 쓰고 등장했다. 그리고 동시에 다른 치료 방식예컨대 한의학을 부정하면서도 말기 암의 원인을 규명하지 못한 채

터무니없이 비싼 비급여 약을 처방하는 현 의료 체계의 모순을 드러냈다. 이외에도 혈액형 성격론 등, 유사 과학은 일상에 깊이 침투해 있고 그 역사 또한 오래되었으며, 맹목적 믿음에서 문화콘텐츠까지 다양한 소임을 맡고 있다. 단순히 과학의 실패나 미신 확장의 결과물로 이해하기에는 유사 과학의 사회적 영향력은 너무나 크다.

오늘날 미신은 과학기술을 통해 크게 증폭되고 있다. 코로나바이러스와 관련한 미신의 확산에는 현대 통신 기술의 꽃이라 할 수 있는 SNS가 이바지했다. 4월 초 시점에 『뉴욕타임스』에 의하면 5G 음모론에 관한 SNS 계정은 페이스북 커뮤니티 487개, 인스타그램 84개, 그리고 트위터 52개가 있고, 이 음모론에 대해 가장 인기 있는 유튜브 영상 10개의 조회 수는 6백만 뷰에 달했다. 음모론의 발원과 확산이 SNS에 의한 잘못된 정보의 확산임을 인정한 페이스북은 5G 음모론과 관련된 포스팅을 지우기로 했고, 유튜브 역시 이 음모론에 대한 영상을 추천하는 알고리즘에 조치를 취하기로 했다.

인터넷을 통한 정보의 무차별적 확산은 정보의 진위를 알 수 없게 되는 상황을 의미하는 인포데믹infodemic으로 발전했다. 그러한 정보를 신뢰하는 사람들에게 인포데믹은 위기라기보다는 자신의 의견을 표출할 수 있는 사회적 장이 넓어지는 현상이다. 하지만 이를 사실과 거짓의 경계가 모호해지는 상황으로 받아들이는 사람들은 사회적 불안이 가중되었다고 생각한다. 중국에서 바이러스가 비롯되었다며 중국 혐오 정서가 악화하고, 방역 당국에 대한 평가가 정치적 보수와 진보 진영의 논쟁을 일으키고 세대 간 갈등도 조장한다. 미신의 확산으로 인해 그동안 단편적이고 간헐적으로 드러났던 사회의 근본적 모순들이 한꺼번에 표출되고 있다. 그 중심에 근대 이후 성립된 과학과 미신의 불편한 공존 관계가 놓여있다.

경계의 시각에서

코로나바이러스 미신과 관련해 현재 많은 국가가 직면한 문제는 백신 접종이다. 미국에서는 백신이 자폐를 유발할 수 있다는 믿음이 상당히 퍼져 있어서 초반부터 접종 거부율이 20%가 넘었다. 한국에서는 아스트라제네카 백신의 부작용에 대한 우려가 커지면서 접종 거부 의사를 밝히는 일이 증가하고 있다. 1년 반 가까이 지속된 사회적 거리 두기와 감염의 공포로 다들 지쳐있는 가운데, 일상 회복의 전망은 백신 찬성론자나 반대론자에게 모두 불확실하다.

접종 찬반 문제를 단지 사실의 혼란을 초래한 미신의 확산 탓으로 돌리기는 어렵다. 근대 과학의 불가피한 산물인 미신은 그만의 영역을 구축해 왔고 제한적이나마 사회적으로 긍정적 역할을 해오기도 했다. 백신 기피는 백신의 발견만큼 오래된 역사가 있고, 예기치 못한 부작용이나 마이크로칩의 은밀한 주입 등 그 내용도 다양하다. 백신 미신은 수그러들기보다 인터넷과 SNS를 통해 더 빠르게 전파될 수도 있다.

백신 기피자를 설득하는 데 방역 당국은 다시 백신의 안전성을 과학적으로 강조하고 접종자에 유인책을 주며 미접종자에 대한 불이익을 늘리는 방식을 택하고 있다. 사실 그 이상의 방안을 생각하기도 어렵다. 동시에 과학과 미신의 이분법에 근거한 이러한 접근법은 한계가 있다. 과학적 설득은 미신의 소멸로 이어지지 않았고 과학의 지배가 강할수록 미신의 영역 역시 공고해지는 것이 역사가 주는 교훈이다. 윤치호와 원산 주민의 갈등은 여전히 방역 당국과 백신 불신론자의 대립으로 이어지고 있다.

참고 문헌

김신회, 『1821년 콜레라 창궐과 조선 정부 및 민간의 대응 양상』, 서울대 석사논문,
　　　2014.

윤치호, 『국역 윤치호 영문 일기 4』, 국사편찬위원회, 2016.

호레이스 언더우드, 한동수 역, 『와서 우릴 도우라』, 기독교문서선교회, 2000.

노르베르트 베버, 〈고요한 아침의 나라에서〉, 성 베네딕토 왜관수녀원, 1911·1925.

박찬경 감독, 〈만신〉, 2014.

코로나 시대, 여성에 더해진 차별의 무게

김신현경

젠더는 남성적인 것과 여성적인 것이 구성되는 과정을 의미한다. 그런데 남성성은 여성성과의 관계를 통해, 여성성은 남성성과의 관계를 통해 의미를 획득하기 때문에 결국 젠더는 남성성과 여성성 사이의 경계 확정을 둘러싼 경합이기도 하다. 우리는 태어날 때부터 (실은 태어나기 전 초음파 사진으로 이미) 스스로를 여성 혹은 남성으로 정체화하는 온갖 문화적 의미망에 놓인다. 가정·학교·미디어·온라인에서 남자다움과 여자다움에 대한 이미지와 언어에 노출되고 습득하고 실천하고, 때로 저항하면서 성장한다.

그렇기에 젠더의 경계는 불변이 아니다. 우리 삶에서 남성성과 여성성에 대한 경험은 복잡하고 종종 모순적이다. 게다가 최근 몇 년 동안 한국 사회를 포함해 전 세계에서 벌어지는, 기존 젠더 경계에 대한 변화의 열망이 심상치 않다. 2006년 흑인 여성운동가 타라나 버크Tarana Burke가 제안하고, 2017년 10월 미국 할리우드의 유명 영화 제작자인 하비 와인스틴Harvey Weinstein의 성추문을 폭로하고 비판하면서 대중화한 '미투#MeToo 운동'의 흐름은 몇몇 나라에 한정되지 않는다.

바이러스, 여성과 빈곤층에 공평하지 않았다

2015년 메갈리아 사이트 등장부터 서울 강남역 살인 사건, 혜화역 시위, 미투 운동, 탈코르셋 운동, 엔n번방 사태에 이르기까지 20~30대 여성이 주도하는 일상적 차별에 대한 문제 제기는 한국 사회를 뒤흔들어 놓았다고 해도 과언이 아니다. 소셜 미디어상의 주목 경쟁에 갇힌 어떤 페미니즘의 문제점도 없지 않다. 그러나 여성 내 차이의 본격적 가시화를 포함한 페미니즘의 전면화는 한국 사회 기존 보수와 진보의 아젠다를 순식간에 이동시키며 민주주의의 필수 요소로서 젠더 경계의 변화를 제기한다는 점에서 근본적이다.

독일의 경우 2016년 브란덴부르크 주 의회에서 녹색당이 남녀 동수제를 처음 발의한 이후, 2019년 1월 31일에는 정당 제출 비례 대표 명부 후보를 남녀 동수로 구성하는 규정을 담은 주 선거법 개정안을 결의했다. 같은 해 2월에는 연방의회에서 의회를 남녀 동수로 구성하는 방안을 논의하기 시작했다. 비록 2020년 7월과 10월 튀링겐 주와 브란덴부르크 주의 남녀 동수제에 위헌 판결이 내려졌지만, 이 법의 지지자들은 다음 단계로 개헌을 모색하고 있다. 프랑스의 남녀 동수제가 1982년 위헌으로 결론 내려졌다가 1999년 개헌에 성공한 뒤 2000년 제정된 것과 비슷한 경로를 따른다.

할당제는 여성이 여성의 특정한 이해를 대변한다고 보지만, 남녀 동수제는 여성을 특정 집단의 이해 대변자가 아니라 남성과 마찬가지로 국가를 대표하는 인간의 두 유형여성과 남성 중 한 집단으로 본다. 경계가 단순한 구분이 아니라 불평등의 다른 이름이기도 하다는 점에서 현재 흐름은 젠더의 경계라는 이름으로 정당화되었던 젠더 불평등을 변화시키려는 열망에 기반한 행동이다.

그렇지만 이 흐름이 젠더 경계의 전면적 변화로 바로 이어지는 것은 아니다. 전 세계를 강타한 코로나19는 젠더 경계가 여전히 굳건함을 보여주었다. 2019년 12월 중국 우한에서 발생한 이 바이러스는 처음에는 어떤 사람도 피할 수 없다는 점 등 어떤 의미에서는 공평해 보였다. 그렇지만 사회적 분할이 감염에 영향을 미친다는 점이 곧 분명해졌다. 예컨대 중산층 이상의 사람들은 재택 근무와 사회적 거리 두기 덕분에 '저녁이 있는 삶'을 누리는 측면이 있지만, 빈곤한 사람들은 주거와 일터에서 사회적 거리 두기를 지키기 쉽지 않고 이 상황은 곧 감염으로 이어지기 쉬웠다.

여성의 돌봄 가사 노동, 가정 폭력 피해 늘어

그렇다면 젠더와 코로나19의 관계는 어떨까? 언뜻 젠더와 코로나19는 별 상관이 없어 보인다. 그러나 조금만 자세히 들여다보면 이 비일상적 재난이 우리 일상을 지탱하는 젠더 질서와 깊은 관련이 있다는 것을 포착할 수 있다. 남성성 연구로 유명한 코넬[Raewyn connell]에 따르면 여러 의학적 보고들은 여성과 남성은 비슷한 비율로 코로나에 감염되지만 남성 사망률이 조금 더 높다고 보고 있다 (한국의 경우에는 별 차이가 없다). 고혈압과 심혈관 질환, 폐 질환 등 기저 질환을 가진 남성이 감염 뒤 사망한 경우가 많았는데, 이런 질환은 흡연과 알코올 섭취와 관련이 깊다. 코넬은 남성을 둘러싼 환경과 남성적 행동 규범을 그 이유로 든다.

반면 여성은 다른 위험에 노출된다. 저명한 의학 저널 『란셋[The Lancet]』 2020년 4월호는 많은 나라에서 시행한 봉쇄 조처 기간에 주로 여성이 기존에 하던 아동·노인 돌봄, 가사 노동이 늘고 가정 폭력 위험도 증가한다고 지적했다. 또한 공공 의료 서비스에 과부하가 걸리고 공공 자원이 부족해지면서 출산을 전후로 한 의료 서비스뿐 아니라 일반적인 여성의 성과 재생산 건강 서비스에 지장이 생긴다고 보고했다. 실제 팬데믹 초반 봉쇄 조처를 한 많은 나라에서 경찰서나 가정 폭력 상담소에 피해를 호소하거나 상담을 요청하는 전화 비율이 늘었다고 한다. 또한 세계적으로 여성은 의료와 사회 복지 분야 필수 직업군의 70%를 차지하는데 이는 여성 노동자의 감염률을 높일 것으로 예측된다. 이처럼 코로나19 사태는 남성적 행동 규범, 여성 성 역할 같은 젠더 질서가 여전히 굳건하다는 것을 예증한다.

코로나19 사태는 보건 위기로 그치지 않고 이미 경제 위기가 되었다. 미국의 민간 싱크탱크 전미 경제 연구소National Bureau of Economic Research가 2020년 4월 펴낸 보고서에 따르면 이전 경제 위기 때는 남성 실직률이 여성 실직률보다 높았지만, 코로나19 사태는 남성보다 여성의 일자리에 더 큰 영향을 미쳤다고 한다. 남성은 주로 일반적인 경제 주기에 영향 받는 일자리에 종사하고 여성은 그보다 덜 주기적인 일에 종사하기 때문이다. 특히 코로나19 사태는 여성 노동자가 집중된 관광, 숙박, 대면 접촉 서비스 분야 일자리의 대거 삭감을 불러왔다. KDI의 2021년 4월 보고서 또한 통계 자료를 인용해 IMF 외환 위기 당시에는 남성들의 실직률이 높았지만, 코로나 사태는 여성 고용에 더 큰 충격을 주었다고 분석한다. 물론 이러한 분석은 오해되지 말아야 한다. 우리에게는 이미 IMF 외환 위기 당시 여성들이 우선 해고되고 비정규직화되었던 경험이 있다. 이번 사태가 불러온 고용의 젠더 격차가 직종 및 종사하는 지위의 젠더 격차와 함께 고려되어야 하는 이유이다.

코로나 사태가 이전 경제 위기와 가장 다른 특징은 봉쇄와 사회적 거리 두기 정책으로 학교와 돌봄 기관이 문을 닫을 수밖에 없었다는 점이다. 이는 코로나 사태 이후 고용에서 젠더 격차가 발생, 증가한 가장 중요한 맥락이다. 집에서 아동을 돌봐야 한다는 요구가 늘었기 때문이다. 게다가 조부모의 아동 돌봄도 기대할 수 없게 되었다. 아동에겐 별 증상을 보이지 않고 노인에게 치명적인 이 바이러스를 차단하려면 이들의 접촉을 막아야 하기 때문이다. 성인 남녀 노동자가 어떤 도움 없이 집에서 아동을 돌봐야 한다는 요구에 직면할 때, 현재 가족 내 돌봄 노동에서 남성보다 여성에게 더 큰 부담으로 작용한다. 한 부모 가족에 미치는 영향은 말할 필요조차 없을 정도지만 정말로 별말이 없다는 게 문제이다. 특히 경제적으로 어려운 상황에 처한 한 부모 여성은 경제 위기와 돌봄 위기가 결합한 충격을 온몸으로 감내하며 하루하루 버티고 있다.

'K-방역' 성공 신화에 가려진 것들

독일에서는 코로나19 사태가 시작되자마자 대학 노조가 재택 근무 중 가족 돌봄 시간을 별도의 유급 휴가로 사용하도록 해달라고 대학 당국에 요구했다. 진단서 없이도 3일 이내의 유급 병가를 낼 수 있는 나라라서 그럴까.

우석균 인도주의 실천 의사 협의회 공동 대표는, 복지는 딴 나라 이야기인 듯한 신자유주의 첨병 국가 미국에서조차, 휴교가 사회적으로 미칠 영향을 다룬 연구들은 휴교가 보건 의료 종사자의 돌봄 휴가로 인한 의료 대응 능력을 저하하는 요인임을 당연시한다고 지적한다. 그러나 보건 의료 인력을 '갈아 넣어' 유지한 'K-방역'에 대해서는 올림픽에서 획득한 금메달 수 자랑하듯 성공 신화만 넘쳐날 뿐이다. 어린이집과 유치원, 학교가 문을 닫은 뒤 아이들을 누가 돌보는지, 갑작스러운 돌봄 요구와 노동 증가가 젠더뿐 아니라 의료 대응, 나아가 전 사회에 어떤 영향을 미치는지에 대한 질문과 토론, 분석은 페미니스트와 몇몇 활동가·학자가 제기한 것 외에 눈에 띄지 않는다. 하기야 우석균의 지적대로 유급 병가도 주지 않는 한국 사회에서 유급 돌봄 휴가가 웬 꿈같은 소리겠는가.

코로나19 사태로 기존 젠더 경계가 더 나은 방식으로 변하리라는 낙관적 전망도 등장했다. 비대면 재택 근무를 통해 좀더 나은 방식으로 일과 돌봄의 균형을 추구할 수 있게 됨으로써 여성의 부담이 줄어들고, 남성도 아동 돌봄과 가정 학습 책임을 분담함으로써 기존 생계 부양자로서 헤게모니주도권적 남성성에 균열이 가해지고 새로운 남성 역할 모델이 부상하리라는 점에 기대를 건다. 미국에서의 연구는 봉쇄 조치 당시 남녀 모두 재택 근무를 한 가족의 경우 남성의 아동 돌봄 시간이 증가했음을 보여준다. 그러나 연구들은 봉쇄 조치를 취하지 않은 한국의 경우 맞벌이 남녀와 홑벌이 남녀 중 아동 돌봄 시간과 부담이 가장 증가한 집단이 전업주부였음을 입증한다. 아이러니하게도 K-방역의 성공이 여성의 돌봄 노동에 더 무거운 짐을 지운 것이다.

게다가 이 낙관적 전망은 철저히 중산층 이상 이성애 핵가족상에 기반하고 있다. 앞서 언급한 한 부모 가족에는 해당 사항 없는 전망이다. 안 그래도 중산층 이상 이성애 핵가족은 이제껏 조부모나 자국민 혹은 이주 돌봄 노동자에게 돌봄을 외주화함으로써 가족 내 젠더 불평등을 완화해 왔다. 대면 접촉 돌봄을 이용하기 어려워진 상황에서 재택 근무가 여성의 일 부담을 줄이고 남성의 돌봄 참여를 촉진할지는 좀더 상세한 조사와 연구가 필요하다.

저임금 고밀집 노동자에게 더 가혹한 재난

젠더 경계는 다른 불평등 경계를 만나 새로운 불평등 경계를 만들어낸다. 페미니스트 법학자 킴벌리 크랜쇼Kimberlé Williams Crenshaw를 비롯한 흑인 페미니스트들의 이론적 기여인 '교차성intersectionality' 개념은 각기 다른 불평등의 경계선이 결합해 만들어진 새로운 불평등의 지점을 일컫는다. K-방역 와중에 벌어진 많은 일이 젠더와 계급의 교차성을 드러냈다.

유럽 대부분 나라에서 일터가 문을 닫고 슈퍼마켓이나 병원에 가는 등 삶을 유지하기 위한 외출 외에 집 밖에 나가는 것이 여의치 않았던 2020년 한 해 동안 한국에서는 학교와 어린이집, 유치원이 한동안 문을 닫고 식당과 카페, 기타 영업 시설의 영업 시간과 인원이 제한된 것 외에 별다를 바 없는 일상을 보냈다. 세계적으로 비교할 때 가장 낮은 수준의 감염률과 사망률을 유지하고 있으니 상황을 꽤 성공적으로 통제해 온 것에 우리 스스로를 자랑스럽게 여길 수는 있으리라. 그러나 우석균의 지적대로 '비생산 분야에서의 엄격한 거리 두기'와 생산, 유통, 사회적 서비스 등 '핵심 생산 분야에서의 느슨한 거리 두기 내지 포기'를 모델로 삼은 이 성공은 현재 자본주의의 생산 방식을 포기하지 않고 유지했기에 가능했고 그 점 때문에 해외에서도 관심 갖는다는 사실은 어떻게 생각해야 할까.

핵심 생산 분야에서 거리 두기를 포기한 결과를 우리는 알고 있다(혹은 안다고 생각한다). 2020년 3월 서울 구로 콜 센터의 집단 감염은 코로나19 대규모 집단 감염의 첫 번째 사례였다. 총 확진자 152명콜센터 직원 96명과 이들의 가족 등 접촉자 56명, 그중 한 가족의 사망은 서울시의 첫 번째 사망 사례였다. 의료 인류학자 김관욱은 콜센터는 단순히 하나의 위험한 사업장이 아니라 전 세계적으로 제조업 중심 산업자본주의가 쇠락하면서 등장한 서비스 중심 경제 체제의 대표 사례이며 그중에서도 저학력의 값싼 여성 노동력을 흡수하는 게토와 같은 곳이라고 지적한다. 1970~80년대 이른바 '공순이'들의 일터였던 구로 공단이 지금의 구로 콜센터가 된 것은 우연이 아니라는 얘기이다.

그림 25_ 전국민주노동조합총연맹 카드뉴스 〈콜센터 노동자들이 싸우는 이유〉 (2021.3.31) 중에서 (출처:민주노총)

2020년 4월 10일 구로 콜센터 확진자들은 코로나19로 인한 산업 재해 제1호로 판정받았다. 그러나 자가 격리나 입원을 해야 했던 이들에게 돌아온 것은 업무량을 달성하지 못한 데 대한 임금 삭감 통보였다. '고도로 밀집된 노동 환경' 때문에 감염된 이들에게 병가 휴가는커녕 임금을 삭감하는 이런 조처는 이들이 왜 아파도 쉴 수 없었는지를 역설적으로 드러낸다. 이처럼 상담사들은 콜센터가 제시하는 규칙을 따를수록 다양한 심신 질환에 노출되는 상황에 놓였다. 저학력 저임금 여성 노동자가 처한 밀집된 노동 환경, 아파도 고객에 대한 친절한 응대가 요구되는 젠더화된 일의 성격이 야기한 사태이다.

재난 자본주의냐 돌봄 민주주의냐

그렇다면 저학력 저임금 남성 노동자가 주로 일하는 유통 부문 사정은 어떨까. 코로나19 사태 초기 한동안 유럽의 슈퍼마켓 사재기가 한국 미디어를 장식했다. 선진국인 줄 알았던 유럽 국가들에서 휴지와 밀가루 등 생활 필수품 사재기가 벌어지는 것을 보고 그렇지 않은 한국을 비교하며 내심 뿌듯함을 느낄 수는 있으리라. 그러나 이 뿌듯함이 유통에서의 살인적인 속도 요구 아래 가능하며 또 이를 보이지 않게 하는 데 일조한다면 이야기는 달라질 것이다. 2020년 초반부터 지속해서 들려오는 배달 노동자 사망 소식은 저학력 저임금의 남성 노동자에게 살인적일 정도의 속도를 요구하는 배달 노동의 성격이 야기한 결과이다. 최근에는 배달 플랫폼들이 도입한 AI 관제 시스템이 속도 노동의 지휘 및 감독을 담당한다. 그야말로 "알고리즘이 새로운 사장님"^{조규준}이 된 것이다. 또한 특수 형태 근로 종사자로 분류되는 배달 노동자들은 산업 재해로부터 보호받기 어렵다. 2016년부터 2019년 6월 기준 18~24세 산재 사고 사망자의 45.8%가 배달 사고로 사망했다. 이처럼 남녀 노동자는 젠더가 계급과 교차해 만들어내는 차별 상황에서 자신의 성별에 따라 다른 방식으로 이 차별 상황을 경험한다.

재난 이후 사회는 미리 정해져 있지 않다. 코로나19 사태가 야기한 여러 위기의 젠더-계급적 상황은 우리가 '재난 자본주의'와 '돌봄 민주주의'의 길 중 어느 쪽으로 방향을 잡을지 묻는다. 이는 우리의 선택이다. 젠더 경계-불평등에 대한 철저하고도 복합적인 사유가 나침반이 되어 줄 것이다.

참고 문헌

김관욱, 「과일바구니, 식혜, 붉은 진드기 그리고 벽 ─ 코로나19 사태 속 콜센터 상담사
　　　의 정동과 건강-어셈블리지」, 『한국문화인류학』 53-3, 2020.

우석균, 「불평등한 세계에서 팬데믹을 응시하다」, 김수련 외, 『포스트 코로나 사회』,
　　　글항아리, 2020.

조규준, 「배달 플랫폼 노동의 특징과 문제」, 『노동리뷰』, 2021.

"Editorial : The Gendered Dimension of Covid-19", *The Lancet* 395, 2020.

Raewyn Connell, *Gender : In World Perspective*, Cambridge amd Medford : Polity Press,
　　　2021.

Titan Alon Matthias, Doepke Jane, Olmstead-Rumsey, and Michèle Tertile, "NBER
　　　Working Paper Series 26947 : The Impact of Covid-19 on Gender Equality",
　　　National Bureau of Economic Research, 2020.

그리스 신화가 말하는 경계 허물기

그리스 영웅처럼 코로나19 울어서 허물라

구교선

트로이 전쟁이 막바지에 이르던 어느 날, 그리스군 진영으로 역병을 실은 아폴론의 화살들이 쏟아진다. 전쟁 중에 그리스 왕 아가멤논의 전리품이 된 자기 딸을 돌려달라고 간청하러 온 아폴론의 사제 크뤼세스를 왕이 모욕해 내쫓았고, 이에 크뤼세스가 자신이 모시는 신 아폴론에게 복수를 부탁했기 때문이다. 아흐레 동안 쉬지 않고 날아든 역병의 화살은 수많은 그리스 병사를 죽음으로 내몬다. 그리스의 용장 아킬레우스가 아가멤논 앞으로 나간다. '아킬레우스의 분노'를 노래하는 서양 최고最古의 서사시 『일리아스』의 시작이다.

사제의 딸을 돌려줘 더 이상 병사들이 희생되는 것을 막아야 한다는 아킬레우스의 청을 왕 아가멤논은 받아들인다. 역병은 그친다. 하지만 또 다른 재앙이 그리스군을 덮친다. 크뤼세스의 딸을 돌려보내라는 청을 왕이 받아들였지만, 대신 아킬레우스의 애인 브리세이스를 그가 취했기 때문이다. 아킬레우스는 분노한다. 그의 첫 번째 분노이다. 아킬레우스는 전투에 나서기를 거부한다. 백전불패의 용사가 참전하지 않은 전투들에서 그리스군은 추풍낙엽처럼 쓰러진다.

코로나19 감염병의 엄중한 상황이 1년을 훌쩍 넘어 이어지고 있다. 전리품으로 취한 여인을 다시 돌려보내는 것과 같이 이 역병을 단번에 해결할 묘책이 있다면 당장에라도 시행하겠지만, 애석하게도 우리에게는 그런 해법이 없다. 혹 마법 같은 방안이 하늘에서 떨어진다 해도, 우리에게 또 다른 재앙이 닥치지 않으리라 확신할 수도 없다. 그 방안을 실행하는 우리가 지닌 욕심의 크기가 아가멤논의 욕심보다 작다고 도저히 믿을 수 없기 때문이다.

피아의 경계선을 눈물로 지우다

다시 『일리아스』로 돌아가자. 아킬레우스가 없는 전장에서 그의 사랑하는 벗 파트로클로스도 트로이의 용장 헥토르의 창에 찔려 목숨을 잃는다. 아킬레우스는 분노한다. 그의 첫 번째 분노가 아군인 그리스군에 재앙이 되었다면, 그의 두 번째 분노는 적군인 트로이군에 재앙이 되었다. 아킬레우스는 홀로 적진을 유린하며 나아간다. 노도처럼 헥토르의 앞까지 돌진한다. 헥토르도 트로이 최고 전사이지만 아킬레우스 앞에서는 매를 만난 비둘기 신세에 불과하다.

단칼에 복수에 성공한 아킬레우스는 헥토르의 주검을 끌고 본진으로 돌아온다. 그러나 복수에 성공해도 분노가 가시지 않는다. 슬픔이 치밀어오를 때마다 아킬레우스는 헥토르의 주검을 말 뒤에 매달고 자기 곁을 떠난 소중한 벗 파트로클로스의 무덤 주위를 돈다. 죽음, 죽음 그리고 치욕적인 능멸. 비극은 멈출 줄 모른다.

자식의 주검이 능멸당하는 걸 지켜보던 헥토르의 아버지 프리아모스가 애끊는 슬픔을 이기지 못하고 한밤에 몰래 아킬레우스를 찾아온다. 아킬레우스와 그를 찾아온 프리아모스가 서로를 부둥켜안고 울음을 터뜨린다. 사랑하는 아들 헥토르를 죽인 아킬레우스를 부여잡고 프리아모스가 운다. 사랑하는 벗 파트로클로스를 헥토르 손에 잃어버린 아킬레우스가 원수의 아비 품에서 통곡한다.

홀로 있을 때는 울지 않던 아킬레우스가, 복수를 감행하고 이것으로도 모자라 헥토르의 주검을 유린하는 데 집착하던 잔혹한 그가, 왜 원수의 아비 앞에서 우는가? 내가 가장 소중한 이를 잃어 슬픔을 이길 수 없듯이, 내 앞의 이 사람도 가장 소중한 이를 잃어 슬픔을 견딜 수 없다는 것을 목도하고 있기 때문이 아닌가? 내 슬픔이 나를 죽음에 대한 두려움 없이 전장으로 달려나가게 했듯, 프리아모스의 슬픔은 그를 죽음에 대한 두려움 없이 적의 막사로 숨어들게 한 것을 보고 있기 때문이 아닌가?

'내가 얼마나 슬픈지'를 깨달아서가 아니라 '네가 얼마나 슬픈지'를 깨달았기 때문이다. 이 슬픔이 나만의 것이 아님을, 이 슬픔이야말로 내가 너와 같은 인간임을 드러내는 징표임을 확인하는 순간 피아의 구별은 무너진다. 아킬레우스는 맘껏 운다. 불사의 존재이며 저승과 이승을 자유로이 왕래할 수 있는 신은 사랑하는 이의 죽음 앞에 울지 않아도 될지 모른다. 하지만 인간인 아킬레우스와 프리아모스는 서로의 슬픔에 공감하며, 서로가 실은 같은 인간임을 확인하고 서로를 가르고 있던 경계선을 한바탕 눈물로 지워 버린다.

아킬레우스의 분노로 시작한 『일리아스』는 그의 눈물로 매듭지어진다. 역병을 그치게 할 수는 있었지만 재앙을 끝낼 수 없었던 분노하는 아킬레우스가 마침내 자신도 인간임을 확인하고 적마저 동정하고 연민하는 것으로 이 서사시는 마무리된다. 너도 그리고 나도 아파하는 인간임을 한바탕 눈물로 확인할 때, 하물며 적과도 화해할 수 있다. 그때 우리는 누구와도 공존할 수 있다. 모

그림 26_ 아킬레우스를 찾아가 헥토르의 주검을 돌려달라고 요청하는 프리아모스. Alexander Ivanov, 1824.

든 경계가 허물어진 자리에 더는 전쟁을 부르는 욕심도, 그 욕심
이 부르는 분노와 역병도, 또 전쟁도 들어설 자리가 없다.

누가 강도 만난 자의 이웃이 되어줄까

문제 많은 이 땅에서 인간이 스스로를 위해 행할 수 있는 최선의
행위가 바로 타인의 아픔에 공감하며 모든 경계를 지워 그와 함께
하는 일이라는 것은 성서의 가르침이기도 하다. 유대인 율법 교사

들은 "네 이웃을 네 몸과 같이 사랑하라"는 율법의 명령을 행하는 것이 바로 영생을 위한 열쇠라는 걸 알았다. 그런데 대체 내가 내 몸과 같이 사랑해야 할 '이웃'이 누구를 가리키냐고 그들은 예수에게 묻는다. 이 질문에 예수는 누가복음에 나오는 그 유명한 '선한 사마리아인의 비유'로 답한다.

어느 여행객이 강도를 만나 옷이 다 벗겨지고 거의 죽을 지경이 되어 길에 쓰러져 있다. 쓰러진 자가 같은 유대인인지 그렇지 않은지 확인할 수 없어서인지 모르지만, 유대인의 종교 지도자 제사장은 그를 못 본 척 피해 가버린다. 피 흘리고 쓰러진 자를 만질 수 없는 율법 때문인지 아니면 다른 이유 때문인지 모르지만, 또 다른 유대인 종교 지도자 레위인도 그를 돕지 않고 지나친다. 하지만 유대인에게 이웃은커녕 부정한 존재로 취급받는 한 사마리아인이 그를 보고 '불쌍한' 마음이 들어 자신의 기름과 포도주로 그를 치료한다. 그를 여관까지 데려가 맡기고, 자기 돈을 여관 주인에게 주며 치료를 부탁한다.

예수가 묻는다. "누가 강도 만난 자의 이웃이 되어 주었느냐?" 답은 명확하다. 피아를 구별 짓는 경계선, 종교적 계율이 쳐놓은 장막, 혐오의 벽을 허물고 자비를 베푼 자이다. 또 예수는 말한다. "너도 가서 그렇게 하라."

성서는 여기에서 한 걸음 더 나아간다. 때로는 신을 기쁘게 하고자, 또 때로는 신의 화를 달래고자 희생 제물을 바치는 각종 종교가 고대 근동에는 가득했다. 어떤 종교는 타인을 인신 제사의 제물로 바치는 일까지 서슴지 않았다. 그런 종교들 사이에서 성서는 신이 인간이 되어 스스로를 제물로 바친 이야기를 그려낸다. 에페소서의 저자는 이 이야기를 화평인 예수가 중간에 막힌 담을 자기 육체로 허물어 둘로 하나를 만든 이야기라 요약한다. 나와 너 사이의 경계, 곧 막힌 담을 허물기 원하는가? 그래서 팬데믹을 부르는 욕심도, 그 욕심이 부르는 또 다른 재앙도 그치기를 바라는가? 성서는 말한다. 타인을 제물 삼으려 하지 말라. 당신을 내 주어라. 그 경계가 허물어질 것이다.

오이디푸스가 테베의 왕이 된 것은 순전히 우연

신이 인간이 되기까지 낮아지고 또 스스로를 나무에 못 박아 문제의 뿌리를 해결하는 자기희생은 신에게나 가능한 경지라고 누군가는 말할지 모른다. 그렇다면 이제 다시 눈길을 고대 그리스 세계로 돌려보자. 테베에 역병이 돌고 시민들이 죽어갔다. 델포이의 신탁을 얻어, 즉 예언의 신인 아폴론에게 묘책을 구해 속히 이 역병에서 자신들을 구해달라 요청하려고 시민들이 테베의 왕 오이디푸스 앞으로 달려온다. 고대 그리스 비극 소포클레스의 〈오이디푸스 왕〉의 첫 장면이다.

오이디푸스는 백성들이 자신을 찾기 전 이미 신탁을 구하고자 사신으로 크레온을 파견해 두었다. 곧 사신이 돌아온다. 신탁을 듣고 온 그는 역병을 그치게 하려면 선왕 라이오스를 죽인 자, 곧 나라의 더러움을 제거해야 한다고 말한다. 이 나라의 더러움이 대체 누구인지를 마침내 오이디푸스가 밝혀내는 과정을 이 작품은 그려 나간다.

선왕 라이오스를 죽인 자는 오이디푸스였다. 그러나 라이오스로부터 테베 왕의 자리를 빼앗으려 죽인 것은 아니다. 어린 시절 오이디푸스는 테베가 아닌 코린토스에서 살았다. 게다가 그는 자신을 코린토스 왕자로 알고 지냈다. 어느 날 오이디푸스는 자기가 아비를 죽이고 어미를 범할 자라는 신탁을 듣는다. 이 두려운 신탁이 이루어지는 걸 피하려고 그는 아비와 어미가 사는 코린토스에서 가장 멀리 떨어진 곳인 테베로 향한다. 그 길 위 어느 삼거리에서 한 노인의 일행과 시비가 붙었고, 시비 끝에 오이디푸스는 노인을 죽였다. 그 노인이 라이오스라는 것을 오이디푸스는 정말 몰랐다.

오이디푸스가 드디어 테베로 들어가는 문턱에 당도했다. 그런데 수수께끼를 내어 맞히지 못하는 사람을 잡아먹는 괴물 스핑크스가 길을 막고 있었다. 테베로 들어가려던 수많은 사람이 지금껏 이 수수께끼를 풀지 못해 죽음에 이르렀지만, 오이디푸스는 쉽게 문제를 풀어 버린다. 테베로 왕래하는 길을 막던 재앙이자 골칫거리인 스핑크스를 물리친 오이디푸스는 그 도시 사람들에게 구원이었다. 도시민들은 오이디푸스를 왕으로 추대한다. 오이디푸스가 테베의 왕이 된 것은 순전히 우연이었다.

자기 눈을 찌르고 역병을 멈추다

테베의 선왕 라이오스를 죽인 자가 누구인지 밝혀내려는 작업을 시작할 때, 오이디푸스는 자신이 실은 코린토스의 왕자가 아니라 라이오스의 아들, 즉 테베의 왕자였다는 사실도 알지 못했다. 오이디푸스가 태어나기 전 라이오스는 아들이 자기를 죽이고 자신의 아내를 취할 것이라는 신탁을 받는다. 운명을 피해 보려 했지만 부인 이오카스테의 배 속에 아들이 잉태되었다. 오이디푸스가 태어나자 왕은 양치기를 시켜 아이를 죽여 버리라고 명한다. 마음 약한 양치기는 차마 아이를 버리지 못하고 코린토스의 양치기에게 넘긴다. 아들이 없던 코린토스의 왕과 왕비가 그 아이를 양자로 삼는다. 오이디푸스는 알지 못했던, 자신이 코린토스의 왕자가 된 이야기이다.

테베의 선왕 라이오스의 죽음을 둘러싼 진상을 캐가는 과정에 불려 나온 양치기는 진실이 지금까지처럼 저 밑 어딘가에 묻혀 있기를 원하며 주저한다. 반면 오이디푸스는 머뭇거리지 않는다. 살인범이 바로 오이디푸스라는 게 점점 드러난다. 누가 범인인지 불현듯 눈치챈 오이디푸스의 아내이자 어미 이오카스테는 더 이상 살인범의 정체를 밝히려 하지 말라고 간청한다. 하지만 오이디푸스는 멈추지 않는다. 자신이 범인임이 명명백백해질 때까지 그는 나아간다. 모든 게 분명해졌을 때, 그는 자기 눈을 찌르고, 테베로부터 스스로를 추방한다. 도시의 더러움이 사라졌으니, 역병은 그칠 것이다.

테베의 왕 오이디푸스에게는 도시의 역병을 해결해야 할 정치적 책무가 있었다. 그는 모든 것을 걸고 선왕 라이오스의 죽음을 둘러싼 진실을 파헤친다. 회피하지 않고 진실을 밝혀낸다. 진실이 드러났을 때 주저하지 않는다. 그는 자신

그림 27_ **스스로의 눈을 찌르는 오이디푸스**

을 내주고 도시의 역병을 그치게 한다. 자신의 노력을 다해 책무를 완수한다.

　진실을 마주한 뒤 두려움 없이 자기를 희생해 도시의 더러움을 정화할 수 있는 건 영웅적 성품을 지닌 이에게나 가능하다고 누군가는 말할지 모른다. 즉, 이러한 자기희생은 왕자에게 약속된 모든 영광을 뒤로하더라도 아비를 죽이고 어미를 범할 자가 되지 않는 길을 택할 수 있는 고결한 자에게나 허락된 경지라고 누군가는 생각할지 모른다. 그러나 우리 한 사람 한 사람이 그런 희생으로 지금까지 코로나19와 싸워왔다. 신이 아닌 집 앞 카페 김 사장이, 신화 속 고결한 영웅이 아닌 방호복 속 의료진이, 저 텍스트 속 신처럼 또 영웅처럼 자신을 희생하며 지금까지 버텨왔다. 이들이 있기에 반드시 이 역병은 그칠 것이다. 그 길을 막아선 모든 막힌 담은 결국 허물어질 것이다.

'나'와 '쓰러진 저들' 사이의 선 지워야

자기가 도시의 더러움임을 발견한 오이디푸스가 아무 말 덧붙이지 않고 스스로 테베를 떠나 도시의 역병을 그치게 했듯, 어떤 이유에서도 회피하지 않고 이 위기를 종식할 길 위에 자신의 노력을 다하는 숱한 영웅이 있다. 하지만 모든 막힌 담이 곧장 허물어질 것이라 단언하기에는 우리 안에 그어진 장벽이 너무나 많고 또 견고하다. 아시아인에 대한 숱한 혐오 범죄 소식이 들려오는 저 태평양 건너편 나라로 눈을 돌리지 않더라도, 외국인만을 특정해 코로나19 진단 검사를 받게 했던 차별적 행정 명령과 그것을 꼭 빼닮은 지침이 반복된다는 소식만으로도 역병이 그친 세상에 우리 두 발을 다시 딛고 설 날이 까마득하게만 느껴진다.

우리가 세운 경계가 더욱 짙어지는 건 아닌가? 필자가 이 글을 마무리 짓는 오늘 2021년 7월 7일은 코로나19 일일 확진자 수가 6개월 만에 1천 명을 넘어섰다. "확산세가 잡히지 않으면 거리 두기 단계를 올릴 수 있다"고 말하는 저들도, 또 "당장 전면 봉쇄 수준의 조처를 하라"고 소리치는 이들도, 강도 만난 자처럼 쓰러지는 사람들을 위해서는 무엇을 말하고 있는가? '나'와 '쓰러진 저들' 사이에 선을 긋고, 저들의 이야기를 저 아래 파묻으며 나의 안전과 안락만을 말하는 건 혹시 아닌가?

참고 문헌

소포클레스, 강대진 역, 『오이디푸스왕』, 민음사, 2009.

안재원, 『아테네 팬데믹』, 이른비, 2020.

호메로스, 천병희 역, 『일리아스』, 숲, 2015.

아름다움은 경계 너머, 예술 경험과 팬데믹

코로나19 바이러스가 창궐한 지도 벌써 1년 8개월째, 더욱 강력하다는 델타 변이의 공포와 함께 바이러스의 전 지구적 확산을 더는 걷잡을 수 없게 된 상황에 예술 경험에 관해 쓰는 것이 과연 어떤 의미를 가질 수 있을까? 환경, 경제, 식량, 교육, 모든 분야에서 인류의 안위가 위협받고 있는 지금 예술과 같이 생존에 직접적인 영향을 주지 않는 활동을 진지하게 고민하는 것은 누군가에게는 꽃노래처럼 들릴지도 모른다. 그러나 만약 그렇다고 해도, 관점을 바꾸어 '이마저도 못한다'고 생각해 보면, 분명 마음 한구석이 쓸쓸해진다. 가능한 것은 모조리 온라인으로 전환해 보지만, 그 거리감과 어려움은 어찌할 수 없다. 이는 우리의 시각, 청각뿐만 아니라 때로는 몸 전체와 정서적 협응을 요구하는 예술 감상의 고유한

아름다움은 경계 너머, 예술 경험과 팬데믹   211

특성이 스크린 한 겹만큼의 물리적 거리와 크기·차원의 변화주로축소를 거치고 나면 그 날카로움을 사뭇 잃어버리기 때문일 것이다. 그뿐만이 아니다. 국내에서 작년 초부터 수많은 연구자의 노고로 나온 여러 보고서를 살펴보면 코로나19로 인해 어려워진 것은 예술 작품이나 공연의 감상만이 아니라 그 창작이기도 하다. 예술을 '하기'도, 보기도 어려워진 지금. 예술은 팬데믹을 어떻게 살아내고, 우리는 또 어떻게 예술을 다시 살아볼 것인가.

팬데믹과 문화 예술의 곤경

페스트와 인플루엔자, 다 이름 붙일 수 없는 수많은 팬데믹을 겪어온 서양의 역사 속에서 예술가들은 전염병에 관한 날카로운 경험을 저마다의 작품으로 벼려냈다. 〈절규〉로 잘 알려진 노르웨이의 화가 에드바르트 뭉크Edvard Munch가 스페인 독감을 앓을 당시와 회복하던 시점에 각각 그린 자화상은 무기력하고 지쳐 보이는 가운데 형형한 눈빛과 붉게 팬 얼굴의 주름, 마구 자라난 푸르스름한 수염으로 보는 이로 하여금 모골이 송연하게 한다. 시대의 상실감과 불안을 누구보다도 첨예하게 탐색해 온 이 화가에게는 아마도 질병이 준 육체적 고통보다도 이를 겪어 낸 후 찾아온 정신

그림 28_ 스페인 독감을 앓고 있는 뭉크의 자화상. 1919년. National Museum of Art, Architecture and Design 소장.

적 피로감과 막연한 분노가 더욱 힘겨웠을지 모른다. 그도 그럴 것이, 스페인 독감은 제1차 세계대전 이후 폭력과 상실에 지쳐있는 유럽을 강타해 이를 겪은 개인의 삶은 육체적으로나 정신적으로 너덜너덜해져 있었다. 코로나19 팬데믹의 한가운데 있는 우리의 상황도 사실상 크게 다르지 않다. 많은 이들이 고군분투하고 있듯이 예술가들도 창의와 위트를 잃지 않은 채, 무겁게 짓누르는 질병 전파의 두려움과 고립·차단의 우울을 나름의 방식으로 소화해내려 고심하고 있다.

어려움은 이들 창작과 그 역사를 담아낼 그릇, 공연장이나 박물관·미술관 등 시설과 기관에도 존재한다. 문화 예술계는 2020년 초부터 되풀이된 '잠정적' 운영 중단 지침으로 인한 무력감을 호소한다. 국내에서는 2020년 2월 25일부터 박물관·미술관을 비롯한 문화 시설의 잠정 휴관이 시작되었다. 이후 박물관과 미술관 등은 휴관과 또 다른 휴관 사이 간헐적으로 온라인 예약제와 동시 관람 인원 제한과 같은 방식을 도입하거나, 기존 기획된 프로그램들을 온라인·비대면 방식 또는 거리 두기가 가능한 형태로 전환하는 식으로 대처해 왔다. 코로나19 이후의 변화가 현대 인류가 겪는 초유의 사태이니만큼, 문화 예술계 역시 기준과 제한에 맞는 안전한 예술 경험을 제공하기 위해 크고 작은 논쟁과 지난한 시행착오를 거쳐 왔다. 특히 미술관은 개관과 임시 폐관을 반복해 이에 혼란을 느낄 대중과 관계를 회복하고 다른 방식의 예술 경험을 북돋운다는 또 하나의 과제를 얻었다. 우선 기존의 미술관 관람뿐만 아니라 교육 프로그램, 부대 행사를 가능한 한 비대면·온라인으로 옮겨야 했다. 이는 비용과 쉽지 않은 여러 기술이 필요한 만큼이나 실무자와 참여자 모두에게 개념의 전환을 요구하기도 한 꽤나 큰 도전이었다. 요컨대 예술 경험을 미술관이 아닌 각자가 위치한 시간과 장소로 이동해야 한다. 사실 온라인 관람은 구글아츠앤컬쳐Google Arts & Culture 등의 플랫폼이나 여러 미술관 홈페이지 등을 통해 이미 오래전부터 시도되어 대중에게도 어느 정도 친숙해진 콘텐츠이다. 그러나 작금의 상황은 '제한'을 전제하고 있다는 점에서 완전히 다르다. 2020년 록다운 초기, 로스앤젤레스의 게티미술관J. Paul Getty Museum에서 시작한 '게티뮤지엄챌린지'는 잠자고 있던 사람들의 관람과 참여에 대한 욕구를 일깨워내고 종전 미술관 내 관람을 통해서 대개 개별적으로만 이뤄졌던 관객-작품 간 상호작용을 가시화, 공유 콘텐츠로 개발하는 데 성공했다해쉬태그 #GettyMuseumChallenge. 유사한 '도전'들이 여러 미술관의 계정을 통해 시도되어 갑작스런 폐쇄 이후 미술관을 그리워하는 이들의 허전함이 조금이나마 달래졌다. 또 완전히 다른 시각도 존재한다. 뉴욕이나 파리처럼 사시사철 관광객으로 북적이던 도시에서는 시민들이 팬데믹으로 인해 관광이 사실상 중단되면서 미술관이 '로

컬'에게 되돌아왔다며 기뻐했는데, 그야말로 신선한 뉴스지만, 여러모로 마냥 웃을 일은 아니었다.

2021년 들어 유럽과 북미는 강력한 백신 접종 캠페인을 펼치고 관련 제재를 해제하면서 바이러스의 두려움을 거의 극복한 것처럼 보이기도 했다. 그러나 최근 델타 변이의 유행과 함께 다시 한번 대유행에 직면하면서, 유럽의 경우 특히 엄격한 국경 폐쇄를 비롯한 새로운 방침을 고민할 수밖에 없는 상황이 되었다. 2021년 8월 현재 이들 국가에서는 높은 백신 접종률에 기대어 콘서트·록 페스티벌과 같은 대규모 인원이 밀집하는 문화 행사를 재개하는 추세이다. 롤라팔루자, 피치포크, 글래스톤베리 등 유명 음악 축제가 나름의 크고 작은 대응책을 마련하여 일정을 예정대로 소화하기로 했다. 그간 록다운 등으로 인해 또래 모임과 놀이, 문화 생활에 대한 갈증을 느꼈을 젊은층의 호응이 더없이 뜨거운 것은 물론이다. 그러나 앞서 말했듯 바이러스 전파를 막기 위한 제재 앞에서 문화 예술 관련 분야는 언제나 위험도가 높은 분야로 우선 분류되므로, '해방'된 업계라 해도 섣불리 긴장을 늦출 수는 없다. 박물관과 미술관은 여러 차례 임시 휴관과 재개장을 반복하는 어려움을 겪은 후 더는 휴관은 없을 듯한 분위기이다. 프랑스에서는 지난 7월, 6개월간의 오랜 휴관 끝에 박물관과 미술관들이 일제히 문을 열었다. 이를 두고 한 언론은 "예술이 삶 속으로 돌아왔다"고 축하하기도 했다. 한편 조건부 재개관 후 인원 제한과 고요한 전시실에서의 예술 감상은 마냥 상쾌하지만은 않은 쾌적함을 제공한다. 제한이라는 낱말이 주는 석연치 않은 기분 때문이기도 할 것이다. 2019년 여름 루브르 박물관이 추후 전면 예약제를 시행한다는 결정을 내렸을 때 각계각층의 많은 이들로부터 우려와 질타가 있었다. 심지어 같은 해 10월에는 이러한 비판을 수용하여 결정을 철회하기까지 했다. 그러나 코로나 상황은 이를 너무나 손쉽게, 단숨에, 이 모든 절차가 당연하고 그래야 하는 것처럼 만들었다. 이제는 박물관·미술관은 지나가다 즉흥적으로 들를 수 있는 여가와 환기의 장소가 아니게 되었고, 여러 전문가는 이를 개탄하고 있다.

예술 경험의 '코로나 불평등'

팬데믹 이후 모두가 새로운 사회적 격차의 발생과 심화를 우려한다. 이는 물리적 공간에서의 예술 경험에서도 예외가 아니다. 박물관·미술관이 담당해오던 교육의 기능은 이제 어떻게 되는 걸까? 온라인에서 접근 가능한 프로그램이나 디지털 자료에의 의존이 전혀 없었던 것은 아니지만, 지금껏 현장성이란 박물관·미술관

교육의 필요충분조건이자 당연한 이론적 근간이었다. 또한 박물관·미술관의 지역 공동체와의 유기적 협업과 사회 통합적 역할이 점차 강조되던 추세였던 만큼, 팬데믹으로 인한 갑작스런 단절은 세계 곳곳에서 생각보다 많은 계층에게 영향을 미쳤다. 이를 조금이라도 해소하기 위해 메트로폴리탄미술관The Metropolitan Museum of Art, 구겐하임미술관Solomon R. Guggenheim Museum이나 프릭컬렉션Frick Collection 등 뉴욕의 박물관·미술관은 줌Zoom 화상회의를 이용한 실시간 학급 단체 관람 프로그램을 내놓기에 이르렀다. 코로나19 이후 학교가 문을 닫게 되면서 수업이 온라인으로 전격 대체되어 교사와 학생, 양육자 또는 보호자가 겪은 혼란과 함께 발생한 교육 격차, 사각지대 문제는 언론과 연구를 통해 익히 알려졌기에 이러한 조치는 다행이라고 할 수 있다.

예술 경험의 온라인화, 비대면화 양상은 코로나19로 인해 분명 가속화되기는 했으나 과거에 이미 시작된 변화이다. 다만 이것이 팬데믹 이전에는 여러 선택지 가운데 하나였고 직접 감상을 보조하는 교육적 역할이 가장 큰 덕목이었다면, 이제는 월등히 우세한 감상 방식이 되어 그 역할이 더욱 다각화하고 있다. 새로운 온라인 스트리밍 비대면 관람 문화는 과연 경계를 지우는가? 누구를 더 많이 대변하는가? 애초에 박물관은 평등한 지식의 공유와 전파를 스스로 존재 이유로 천명했다. 그저 원론적인 말로 들리지만, 또 그만큼 당연한 이야기이다. 티켓이 풀리는 시각에 대기하고 있다가 누구보다 빠르게 클릭할 수 없다면 전시도 마음대로 볼 수 없다는 것이 코로나 시대의 새로운 박물관 논리이다. 온라인 콘텐츠가 실제 방문을 완전히 대체할 수는 없다. 정보를 얻기 위해 인터넷 하이퍼텍스트에 전보다 더 많이 의존하게 되는 것 역시 예술 경험 안에서 경계를 만들어내는 또 하나의 요소이다.

전시회의 안과 밖은 어디일까? 온라인으로 접속 가능한 사진, 영상 또는 스트리트뷰나 가상·증강 현실 등의 디지털 매체를 통해 박물관·미술관은 새로운 접경을 그려나간다. 기실 소장품과 전시회를 어떻게 디지털화하고 어떠한 방향성을 택할지는 이 기관들이 이미 수년 전부터 진지하게 고민해 온 주제로, 기관이자 장소로서 이들의 존폐의 문제마저 여기에 걸렸다 해도 과언이 아닌 상황이다. 대체로 필연적인 보수적인 성격 때문에 과거 무덤이나 엄숙한 종교 시설을 연상시키기도 했던 박물관과 미술관이 과연 오늘날 젊은 관람객 세대의 문화 또는 팬데믹이 요구하는 일종의 기계적 진보에 호응할 수 있는지, 시공간의 물리적 제약을 넘어 더 넓은 공중을 만날 수 있는지, 그리하여 결국엔 경계를 조금 더 밀어내 볼 수 있는지, 더 많은 다른 이를 맞아들이고 다른 경계와 접촉할 수 있는지, 팬데믹으로 인해 박물관과 미술관은 새로운 시험에 직면하게 되었다.

요컨대, 예술은 감각이 직접적으로 전달될 수 없는 이 새롭고 이 상한 세계에서 스스로 형태와 방식을 바꾸어 활로를 모색하고 있 다. 어떤 곳에서는 미술관 내 전시공간이 백신 접종센터로 쓰이기 도 한다. 반대로 접종센터 안에서 예술 작품들이 진열되거나 음악 연주가 이루어지기도 한다. 코로나19 사태로 인한 이 같은 예술 경 험과 의료 활동의 접목은 예로부터 예술에 결부된 치유의 가능성 을 다시금 상기시킨다. 또 어떤 것들은 더욱더 원초적이고 감각적 인 방향으로 회귀한다. 예컨대, 관람객들이 사라져 작품들만이 덩

그림 29_ 〈Les Grands Fantômes〉(2017) 포스터

그러니 자리를 지키는 미술관 전시실에서 우리는 음악과 춤 을 감상하게 되었다. 2020년 8월 말에는 프랑스의 안무가 이자 연출가인 요안 부르주아 Yoann Bourgeois의 작품 〈위대한 유 령Les Grands Fantômes〉2017이 포털사 이트 네이버와 LG아트센터의 협력으로 국내에서 한시적으 로 스트리밍되었다. 부르주아 와 무용수들의 내한 계획이 코 로나로 불투명해지자 이들이

직접 공연할 무대를 대신해 온라인 플랫폼을 통한 스트리밍이 대안으로 선택된 것이다. 우리가 이를 티비, 컴퓨터나 휴대폰 화면을 거쳐서만 볼 수 있다는 사실은 변하지 않지만, 미술관이 휑하게 비워지는 것을 원치 않거나, 반대로 공연 예술가들이 관객을 만나지 못하고 적절한 장소를 찾지 못한 채로 잊히는 것을 원치 않았던 이들에게 심심한 위로가 된다. 물론, 그 무엇에 대해서도 깊이 생각해보지 않았던 이들에게도 이러한 장면은 머릿속 어딘가에서 건조하게 휘발해 가던 세상과 인간의 아름다움에 대한 기억을 되살릴 계기가될 것이다. 그러나 전과 달리, 이 아름다움은 경계를 전제로 한다.

'자기 보호'와 예술 경험은 양립 가능한가

개인적 이야기이지만 갓 돌 지난 아이가 얼마 전부터는 드디어 자기 얼굴에 마스크가 얹히는 것을 허락하게 되어 이제는 전시장에 함께 갈 수 있을 것 같아 기쁘다. 물론 이게 무슨 일인가 싶어 자괴감도 들고 미안하기도 했지만, 내가 좋아하는 그림들을 아이와 함께 볼 생각에 떨렸다. 스스로 보호하면서 사람들 속에 함께 하기, 한 살배기의 첫 미술관 나들이, 일종의 첫 사회적 활동에 지워진 첫 번째 과제였다. 이는 모두의 예술 경험에 주어진 새로운 과제이기도 하다. '자기 보호'와 예술 경험은 양립가능한 문제일까? 아니, 그 전에, 지금껏 이 두 문제를 함께 고민해본 적이 있었던가? 경험의 부재와 생경함 속 적절한 타협점을 찾는다는 것은 과연 가능할까?

예술은 때때로 우리를 자극하고 도발하기도 한다. 그러나 그럼에도 여전히, 우리를 위로한다. 그 가치는 아마도 변치 않을 것이다. 창작 방식과 매체, 그리고 감상 방법의 변화가 예술의 본질을 바꿀 수 있을까? 작품을 눈앞에서 마주하며 사소한 붓 터치, 물 흐른 자국 안에서 화가의 자신감과 망설임을 목격할 때나 콘서트장에서 악기 소리와 목소리가 벽과 천장에 부딪혀 울려 귀뿐만 아니라 머리털 끝 하나까지 전율하는 기분이 들 때와 같은 절절한 감각의 생동을 무엇이 대체할 수 있단 말인가? 기술과 기계가 나 대신 이를 감각한다 한들, 점점 더 근사한 매개가 되어준다 한들, 서글프게도 많은 것이 의미를 잃어버릴 것이다. 코로나19가 시나브로 만들어낸 오프라인과 온라인, 함께하기와 거리 두기, 작품의 '아우라'와 모니터 속 쪼개지는 픽셀의 간극, 국경과는 또 다른 새로운 개념적 경계들, 그 어딘가에서 아름다움은 변치 않고 우리가 당도하기를 기다려줄 것인가?

참고 문헌

서지혜, 「코로나19는 예술기획을 어떻게 바꾸고 있는가 — 숭고미의 전시에서 삶과
　　　예술의 상호적 감응으로」, 『예술경영』 468, 2021.

이지혜, 「2020 코로나19 시대, 문화예술공간은 어떻게 운영되어야 하는가? — 지속과
　　　안전의 경계에서 문화예술의 대응과 대안에 관한 연구」, 서울시 청년허브 공
　　　모형 연구, 2020.

필자 소개(수록순)

차용구 Cha Yongku

중앙대학교 역사학과 교수. 중앙대·한국외대 HK⁺ 접경인문학연구단 공동연구원. 서양 중세사 전공. 저서에 『국경의 역사－국경 경관론적 접근』(소명출판, 2022), 『유럽 여성의 발견－이브의 딸 성녀가 되다』(한길사, 2011), 『가해와 피해의 구분을 넘어－독일·폴란드 역사 화해의 길』(공저, 동북아역사재단, 2008), 역서에 『교황의 역사－베드로부터 베네딕토 16세까지』(길, 2013) 등이 있다.

박노자 Vladimir Tikhonov

오슬로대학교 문화 연구 및 동방 언어학과 교수. 평론가. 사회 운동가. 한국 근현대 사상사 연구. 저서에 『조선 사회주의자 열전－새로운 세계를 꿈꾼 인간, 그들의 삶과 생각을 다시 찾아서』(나무연필, 2021), 『미아로 산다는 것－워킹푸어의 시대, 우리가 짓고 싶은 세계』(한겨레출판, 2020), *Modern Korea and its Others*(Routledge, 2016), *Social Darwinism and nationalism in Korea*(Brill, 2010), *Buddhism and violence*(Routledge, 2012) 등이 있다.

이택광 Alex Taek-Gwang Lee

경희대학교 글로벌커뮤니케이션학부 영미 문화 전공 교수. 문화 평론가. 문화 비평 전공. 저서에 『포스트 코로나 뉴노멀－이택광 묻고 지젝 답하다』(비전 C&F, 2020), 『버지니아 울프 북클럽－자기만의 방에서 그녀를 읽는 시간』(휴머니스트, 2019), 『마녀 프레임－마녀는 어떻게 만들어지는가』(자음과모음, 2013), 『이것이 문화비평이다』(자음과모음, 2011), 『인문좌파를 위한 이론 가이드－이론의 쓸모를 고민하는 이들에게』(글항아리, 2010) 등이 있다.

류영하 Ryu Yeongha

백석대학교 중국어학과 교수. 중국 남경사범대학 중한문화센터 연구교수. UC
버클리 중국학센터 방문학자. 국립청화대학 대만문학연구소 객좌교수 역임.
중국 현대문학 전공. 저서에 『방법으로서의 중국-홍콩체제』(소명출판, 2020),
『홍콩 산책-도시 인문 여행』(산지니, 2019), 『중국 민족주의와 홍콩 본토주의
-홍콩 역사박물관의 스토리텔링을 중심으로』(산지니, 2014), 『이미지로 읽는
중화인민공화국-도시화와 자본화 그리고 국가주의. 중화주의에 대한 비판
서』(소명출판, 2010) 등이 있다.

임경화 Lim Kyounghwa

중앙대·한국외대 HK+ 접경인문학연구단 HK교수. 일본 마이너리티 연구, 코
리안 디아스포라 연구. 저서에 『탈분단의 길-생활 속 민주주의와 인권』(공저,
패러다임북, 2018), 『분단생태계와 통일의 교량자들』(공저, 한국문화사, 2017), 역서
에 『해방 공간의 재일조선인사』(푸른역사, 2019), 『누구를 위한 화해인가-〈제
국의 위안부〉의 반역사성』(푸른역사, 2016) 등이 있다.

전우형 Chon Woohyung

중앙대·한국외대 HK+ 접경인문학연구단 HK교수. 한국 근현대 문학, 문화,
영화 연구. 저서에 『식민지 조선의 영화소설』(소명출판, 2014), 『비평 현장과 인
문학 편성의 풍경들-1970년대 『창작과비평』을 중심으로』(소명출판, 2018),
『글로컬 시대의 한국영화와 도시공간 2-1987~1997』(공저, 박이정, 2018), 『할
리우드 프리즘-20세기 한국영화와 할리우드』(공저, 소명출판, 2017), 『조선영화
와 할리우드』(공저, 소명출판, 2014), *The Borderlands of China and Korea* (Lexington
Books, 2020) 등이 있다.

한주희 Ju Hui Judy Han

캘리포니아대학교 로스앤젤레스(UCLA) 젠더학과 조교수. 퀴어 인권 운동가. 문화 지리학, 한국학 연구. 공저에 *Rights Claiming in South Korea* (Cambridge University Press, 2021), *Digital Lives in Global City : Contesting Infrastrucutres* (University of British Columbia Press, 2020), *Ethnographies of U.S. Empire* (Duke University Press, 2018), *Territories of Poverty : Rethinking North and South* (University of Georgia Press, 2015) 등이 있다.

베른하르트 젤리거 Bernhard Seliger

한스자이델재단 한국사무소(Hanns Seidel Foundation in Korea) 대표. *North Korean Review* 부편집장. 서울(2007)과 강원도(2012)의 명예 시민. 그는 북한을 자주 방문하며, 산림과 생물 다양성, 재생 에너지와 청정 개발 메커니즘 분야에서 역량 강화 프로젝트를 시행하고 있다.

니콜라이 소린차이코프 Nikolai Ssorin-Chaikov

러시아 고등경제대학교(상트페테르부르크) 역사학과 부교수. 사회 인류학 전공. 저서에 *Two Lenins : a brief anthropology of time* (University of Chicago Press, 2017), *The Social Life of the State in Subarctic Siberia* (Stanford University Press, 2003), *The International Encyclopedia of Anthropology* (공저, Wiley-Blackwell, 2018) 등이 있다.

고가영 Ko Kayoung

중앙대·한국외대 HK⁺ 접경인문학연구단 HK연구교수. 러시아 현대사 전공. 『북·중·러 접경 지대를 둘러싼 소지역주의 전략과 초국경 이동』(공저, 이조, 2020), 『중앙아시아 이슬람의 역사적 경험과 문화』(공저, 진인진, 2019), 『중앙아시아 고려인 전통생활문화—카자흐스탄』(공저, 민속원, 2017), 『유라시아의 심장 다시 뛰다—중앙아시아 지역의 형성과 역동성』(공저, 진인진, 2017) 등이 있다.

캐런 손버 Karen L. Thornber

하버드대학교 비교문학과 교수. 비교문학, 세계문학, 동아시아 문학 문화, 의료 인문학 전공. 저서에 *Global Healing : Literature, Advocacy, Care*(Brill 2020), *Ecoambiguity : Environmental Crises and East Asian Literatures* (Michigan 2012), *Empire of Texts in Motion : Chinese, Korean, and Taiwanese Transculturations of Japanese Literature* (Harvard, 2009) 등이 있다.

현명호 Hyun Myungho

중앙대·한국외대 HK[+] 접경인문학연구단 HK연구교수. 동아시아학(북한지역 근현대사) 전공. 박사논문에 *Dissensus : Korean Workers' Movements in Wŏnsan, 1895-1929* (New York University, 2020), 논문에는 「원산총파업의 공간적 전개」(『한국독립운동사연구』 73, 2021), 「국경의 동요—20세기 초 미국의 동양인 이민자 박룡학 연구」(『역사비평』 136, 2021), 「국경 넘는 북한 문학—백남룡의 『벗』의 북미 출판 시장 진출」(『한국현대문학』 64, 2021) 등이 있다.

김신현경 Kim Hyun Gyung

서울여자대학교 교양대학 조교수. 친밀성의 구조 변동, 남성성, 미디어와 여성운동 등 연구. 저서에 『페미니스트 타임워프』(반비, 2019), 『이토록 두려운 사랑—연애불능시대, 더 나은 사랑을 위한 젠더와 섹슈얼리티 공부』(반비출판사, 2018), "The Korean wave Celebrity and the Birth of the K-Drama Conglomerate"(*East Asian Journal of Popular Culture* 6-2, 2020), "South Korea's Soft Power in the Era of the Covid-19 Pandemic : An Analysis of the Expert Survey in Europe"(*Seoul Journal of Economics* 33-4, 2020) 등이 있다.

구교선 Koo Kyo-Sun

중앙대·한국외대 HK⁺ 접경인문학연구단 HK연구교수. 그리스 철학 연구. 박사논문에 *Plato on Rational Pleasure and Two Sorts of the Good Life* (King's College London, 2020), 논문에 「소크라테스가 고르기아스를 만났을 때－플라톤 『고르기아스』 448e-461b에 대한 한 가지 해석」(『서양고전학연구』 60-2, 2021), 「플라톤 〈국가〉 편의 드라마적 도입부에 대한 한 가지 해석－당대 민주정의 모순에 대한 처방전을 얻기 위한 예비적 고찰」(『서양고전학연구』 60-1, 2021) 등이 있다.

김한결 Kim Hangyul

중앙대·한국외대 HK⁺ 접경인문학연구단 HK연구교수. 서양근세미술사, 박물관사 전공. 저서에 *The Period Rooms : Allestimenti storici tra arte, collezionismo e museologia*(공저, Bononia University Press, 2016), 역서에 『박물관의 탄생』(돌베개, 2014), 논문에 「인간과 비인간, 예술가와 피조물 사이－18세기 프랑스 미술과 피그말리온 신화」(『서양미술사학회논문집』 55, 2021), 「프랑스혁명기 역사의 시각적 내러티브－알렉상드르 르누아르와 프랑스유물박물관(Musée des Monuments français, 1795-1816)의 예」(『프랑스사 연구』 42, 2020) 등이 있다.